フィールドから地球を学ぶ

―地理授業のための*60*のエピソード―

横山　智

湖中真哉

由井義通

綾部真雄

森本　泉

三尾裕子 編

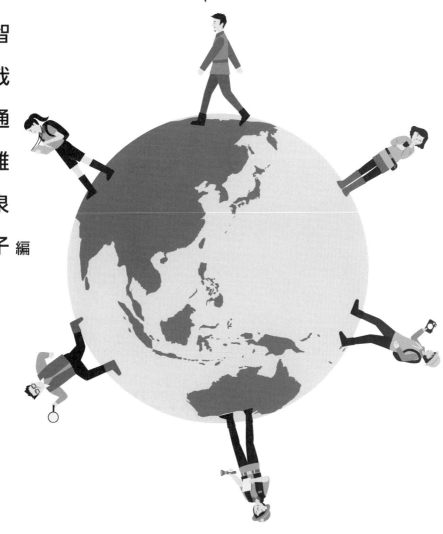

古今書院

The Earth and Its People Seen from the Eyes of Fieldworkers: Sixty Topics for Geography Classes

Edited by Satoshi Yokoyama, Shinya Konaka, Yoshimichi Yui, Masao Ayabe, Izumi Morimoto, and Yuko Mio

ISBN978-4-7722-7155-4

はじめに－本書のねらい

　本書は，地理学と文化人類学の研究者が世界各地のフィールドワーク（現地調査）によって
これまで得てきた最先端の知見を，「問い」と資料からなるエピソードを通じて，高校の新し
い地理教育に活かすことができないだろうかという想いから編まれました。令和4年度から
の新高校学習指導要領の実施に伴い高校の社会科系科目が大きく再編され，「地理総合」が必
履修科目として新設されました。同科目では，従来の地理Aとは異なり国際理解と国際協力，
地球的な諸課題，自然環境と災害対応，生活圏の調査と持続可能な社会づくりなどが重視され
るようになり，コンテンツ学習からコンピテンシー育成，とくに思考力や判断力の育成へと大
きく方針が変更されています。「地理探究」ではそれらの教育がさらに高い水準で要求されます。

　しかしながら，概説的な内容の教科書単体では，それぞれのトピックを掘り下げることが困
難で，思考力や判断力を育成するための厚みのある材料や資料という点で物足りません。とり
わけ，新しいタイプの授業を組み立てていく際にヒントとなる「問い」や，それを掘り下げて
いくための資料が不足しています。これに対して，地理学や文化人類学の研究者は，世界各地
の異文化の中に実際に身を置き，様々な疑問に直面しながらフィールドワークを実施してきま
した。それを通じて得たファーストハンドの地域情報は質・量ともに極めて高い水準に達して
います。こうした情報を新しい地理教育に役立ち得る資料や教材として提供することは，高校
の地理教育の現場で，現在，最も求められていることのひとつではないでしょうか。

　こうした要望に応えるために，本書は，地理の教育現場において，高校の先生方には「問い
を通じて教える材料」を，高校生には「問いを通じて考える材料」を，フィールドから提供す
ることをねらいとしています。本書は60のエピソードを収録していますが，すべての標題が「問
い」の形式を採っています。そしてそれらの問いに関連する探究活動の例を示した「アクティ
ビティ」が掲げられています。「キーワード」は地理総合の教科書と対応するものが選ばれて
います。本書は，高校の先生方にとっては，ひとつの「問い」から始まる地理の授業を展開す
る上で参考になる上質な教材となることを目指しました。高校生にとっては，授業で出された
課題に取り組んだり，高校図書館等で自学自習したりする際のハンドブックとして活用しても
らえる書物となることを目指しました。

　これまでの地理の教科書や副読本と異なる本書のもうひとつの特徴は，異文化に触れること
やフィールドワークを通じた発見性・多様性・意外性・日常性などの「面白さ」を高校生に伝
えることです。思考力や判断力の育成は，地球社会の多様性や面白さが伝わり，学ぶ意欲がか
きたてられて，はじめて可能になります。教科書の記述は，網羅的にならざるを得ないため内
容を深めにくく，科目の本当の面白さが伝わりにくいかもしれません。これに対して本書では，
研究者が，自らの体験談などをもとに，臨場感のあるひとつの「短いエピソード」を見開き2
ページで展開することを通じて，ひとつのトピックを深掘りしていきます。各エピソードで掲
げられた「問い」と，それを掘り下げていく材料をヒントとして，これまでにない新しいタイ
プの地理の授業や学習がうみだされることを願っております。

　なお，本書は，日本学術会議の地域研究委員会文化人類学分科会と地理教育分科会地誌・国
際理解教育小委員会での議論が出発点となり，両会に所属する会員・連携会員が中心となって
編集，執筆を担当しました。本企画に関わった先生方のご協力に心より御礼申し上げます。

編者一同

目　次

キーワード一覧 [数字はエピソード番号]

本書と SDGs

　2015 年 9 月の国連総会において，2030 年までに達成すべき『持続可能な開発目標（SDGs: Sustainable Development Goals）』が採択され，17 の分野別目標（その下には，169 の達成基準と 232 の指標が決められている）が定められた。

　SDGs の達成には，次世代を育てる教育現場での取り組みが重要である。2022 年度から『地理総合』が高等学校の必修教科となり，すべての高校生が「国際理解と国際協力」，「地球的な諸課題」，「自然環境と災害対応」，「持続可能な社会づくり」を学ぶことになった。高等学校で学ぶ教科の中で最も深く SDGs に関連する内容を扱うのが『地理総合』である。

　本書は地理教育に活用していただくことを目的に編んでいるため，取り上げた 60 のエピソードが，SDGs のどの目標を扱っている内容なのかを以下に示した。『地理総合』の授業において，SDGs との関連を説明する際に本書のエピソードを積極的に活用していただきたい。

SUSTAINABLE DEVELOPMENT GOALS

1 貧困をなくそう
エピソード：
23, 29, 35, 38, 40, 42, 56

2 飢餓をゼロに
エピソード：
1, 38, 56, 60

3 すべての人に健康と福祉を
エピソード：
9, 41, 50, 52, 55

4 質の高い教育をみんなに
エピソード：
2, 4, 6, 16, 20, 24, 39, 40, 41, 53, 55, 59, 60

5 ジェンダー平等を実現しよう
エピソード：
4, 16, 51

6 安全な水とトイレを世界中に
エピソード：
32, 34, 46

7 エネルギーをみんなにそしてクリーンに
エピソード：
45, 54

8 働きがいも経済成長も
エピソード：
20, 33, 57, 59

9 産業と技術革新の基盤をつくろう
エピソード：
7, 9, 10

10 人や国の不平等をなくそう
エピソード：
6, 8, 10, 12, 14, 16, 17, 19, 20, 21, 22, 23, 24, 37, 38, 39, 40, 41, 42, 51, 56

11 住み続けられるまちづくりを
エピソード：
2, 3, 8, 11, 28, 29, 30, 33, 47, 49, 50, 58, 59

12 つくる責任つかう責任
エピソード：
43, 54, 57

13 気候変動に具体的な対策を
エピソード：
36, 45, 47, 55

14 海の豊かさを守ろう
エピソード：
3, 21, 26, 44, 48, 53, 58

15 陸の豊かさも守ろう
エピソード：
21, 27, 31, 32, 34, 35, 43, 45, 48, 58, 60

16 平和と公正をすべての人に
エピソード：
11, 12, 17, 19, 21, 22, 24, 37, 42, 52

17 パートナーシップで目標を達成しよう
エピソード：
23, 25, 27, 31, 46, 49, 53, 55, 56

国連持続可能な開発目標ウェブサイト　https://www.un.org/sustainabledevelopment/
本書の内容は，執筆者の見解であり，国連によって承認されたものではなく，そして国連またはその当局者・加盟国の見解を反映したものでもありません。

I．変わりゆく多様な世界へようこそ

1．食の多様性と変化
世界の食文化の多様性をどのように理解すれば良いのだろうか

> **アクティビティ**
> 1）伝統的な生業形態と食文化との関係について考えてみよう．
> 2）世界の地域ごとに異なった調味料が発達した背景について考えてみよう．
> 3）世界の他の地域の食と日本の和食を比較して，和食の特徴を考えてみよう．
>
> **キーワード**：食文化，生業，狩猟採集，牧畜，農耕，和食

　同じ料理でも地域によって，使われる食材や味付けが異なることは珍しくない。例えば，西日本と東日本のうどんのつゆの違いは，よく知られているが，その違いが生じた要因を知っている人は意外と少ない。**食文化**の違いを説明することは，それほど難しいことではなく，地域の歴史，文化，自然環境を調べれば，いくつかのヒントが得られるはずである。ここでは，地域の生業とそこで使われている調味料から，世界の食文化の多様性を理解してみたい。

いかに食文化の地域的な違いが生じるのか

　わたしたちが食べ物を口にするまでには，いくつかのプロセスが介在する。最初に食材となる動植物を獲得する「生業」（**狩猟採集，牧畜，農耕**）が営まれ，次に食材を食べやすくするために「加工」（発酵，乾燥，粉砕など）し，最後に「調理」（焼く，炒める，茹でる，煮るなど）するといった3つのプロセスである。必ずしも類似の自然環境では類似の食が見られるわけではなく，地域や民族の文化や宗教によって食の違いが見られる。それが食文化である。

　食文化の違いを生む最大の要因となっているのが生業の違いである。図1を見て，牧畜民と狩猟採集民の食文化に関する同異点を考えてみよう。牧畜と狩猟採集のどちらも，哺乳動物の肉を得るために営まれる生業である。しかし，牧畜民は家畜の乳を搾るのに対し，狩猟採集民は乳を搾らない。野生動物から乳を搾ることはできないと言ったほうが正しいかもしれない。

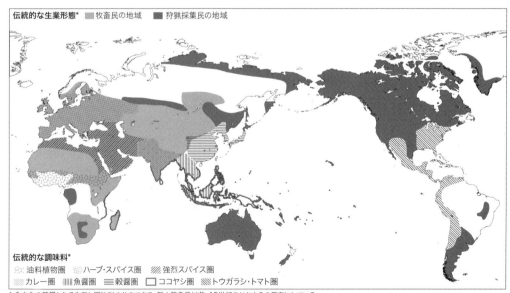

図1　世界の牧畜民と狩猟採集民の分布および調味料の分布

出典：吉田集而編 1998.『講座 食の文化 第1巻 人類の食文化』420-421. 農山漁村文化協会，および石毛直道・吉田集而・赤坂賢・佐々木高明 1973. 伝統的食事文化の世界的分布. 石毛直道編『世界の食事文化』148-177. ドメス出版を筆者加工.

家畜化するのに適した群れをなす草食動物（ヒツジ，ヤギ，ウシなど）が生息し，乳を搾る技法が確立できた地域で発達した生業が牧畜である。現在の牧畜民は，ほとんどの分布域で農耕も行う農牧民となり，搾った家畜の乳をチーズやバターに加工し，栽培したムギ類をパンに加工し，そして家畜（乳を出さないオス）の肉を食べる。「乳加工品・パン・肉」の食文化は，稲作を行う東・東南アジアを除くユーラシア大陸，そしてアフリカ大陸に広く分布する。

調味料の発達

　人間は食べなければ生きていけない。しかし，文明の発展と共に，食は単に生きるためのものではなく，楽しむものへと変化し，わたしたちは「味」にこだわるようになった。そして，世界各地で独特の調味料が誕生した。世界の伝統的な調味料の分布を8つに分類して図1に示した。

　牧畜民の「乳加工品・パン・肉」の地域で使われる調味料は主として香辛料である。インドでは，ウコンやターメリックなどを調合したカレー，ヨーロッパでは各種ハーブやコショウなどのスパイス，中東・北アフリカのアラブ圏では，シナモンやクローブなどの香りが強いスパイスが用いられる。これらは，肉の臭み消しのために用いられ，やがて各地を代表する調味料になった。

　一方，かつてほとんど肉を食べなかった東・東南アジアでは，乳や肉の代わりに大豆と魚が重要なタンパク源として用いられてきた。少量のおかずで多量のコメを食べるのが伝統的な東・東南アジアの食文化である。調味料としては，東アジアでは大豆を発酵させた穀醤（醤油や味噌），そして東南アジアでは魚介類を発酵させた魚醤が用いられている。

うま味の食文化

　東・東南アジアの人びとが調味料とする穀醤や魚醤には，人間の舌が感じることができる5つの基本味（甘味，酸味，塩味，苦味，うま味）のうち「うま味」成分が多く含まれているのが特徴である。日本では，昆布（グルタミン酸），鰹節（イノシン酸），干し椎茸（グアニル酸）など，うま味成分が含まれる食材で出汁をつくって調理する食文化が評価され，「**和食**：日本人の伝統的な食文化」として2012年にユネスコ無形文化遺産世界遺産に登録された。

　穀醤や魚醤に加えて，納豆がうま味調味料として利用されている地域がある。それが図1の魚醤圏と穀醤圏の西側境界，具体的には中国南部，ラオス北部，タイ北部，ミャンマー北部の地域である。この地域は，漁獲が少ないので魚醤をつくらず，また高温多湿のためカビ（麹）で大豆を発酵させる穀醤をつくるのも難しい。しかし，茹でた大豆を放っておくだけで，菌（枯草菌）で発酵させることができる納豆ならば簡単につくれる。しかも発酵させた大豆には多くのうま味成分を含む。できあがった納豆を乾燥させることで保存性を高め，調味料として様々な料理に利用する（図2）。

　世界の食文化は非常に多様であるが，自然環境と生業の形態，そして各地で生活する人びとの生活文化を理解すれば，食文化の地域差を理解するのはそれほど難しいことではない。

（横山　智）

図2　ミャンマー・シャン州の市場で売られている乾燥させた納豆（左）と味の素（右）

2. 衣の多様性と変化

民族衣装はグローバル化する世界でなぜなくならないのだろうか

> **アクティビティ**
> 1) 民族衣装と学校制服の共通点と相違点は何だろうか.
> 2) 民族衣装はどのような状況であらわれるのだろうか.
> 3) 世界各地の民族衣装はいつごろ現在のかたちになったのだろうか. その歴史と変遷を調べてみよう.
> **キーワード**：民族衣装, 観光, アイデンティティ, 伝統文化, 多民族国家, 無形文化遺産, 国家,
> ナショナリズム

　民族衣装（エスニックドレス）と聞いて, どのような装いを思い浮かべるだろうか. チマチョゴリやサリー, チャイナドレスといった特定の服かもしれないし, 伝統的な手仕事あるいは遠い異文化の服といった漠然としたイメージかもしれない. また, グローバル化が進展し, 洋装が世界中に浸透する過程で, すでに過去のものとなっていたり, 博物館や**観光**地にだけ存在し, わたしたちの日常とはかけ離れたものだったりという印象もあるかもしれない. しかし, 人やモノ, 情報がボーダレスに流通する現代社会において, 民族衣装は失われてはいない. なぜだろうか.

民族アイデンティティをあらわす服

　民族衣装は**アイデンティティ**に関わる服で, 民族集団への帰属を示す服である. 民族がどのような集団なのかを厳密に定めることは難しいが, ここではひとまず言語, 宗教・信仰, 生活様式などの文化的要素や歴史的経験を共有する人びととしておきたい.

　服には, 自然環境や外的刺激から身体を守る機能があるが, 身体保護を第一の目的とするならば, 同じ自然環境の元に暮らす人はみな同じ素材, デザインの服を着ていてもおかしくない. しかしそうならないのは, わたしたちが, 出自や帰属, 民族や国籍, 性別差や年齢, 職業や社会的ポジション, 趣味などを自他ともに知らしめることの重要性を認識しているからだ. このうち自分の民族が何かを示す服が民族衣装なのである.

　ただし日本で暮らしていると, 民族を示す服というものには馴染みが薄いかもしれない. そこで, 学校制服を考えてみよう. もしかしたら制服に窮屈さを感じ, なぜみなで同じ服を着なければならないのかと不満を持つ人もいるだろう. しかしもし制服がなければ, わたしたちはどうやって自分が高校生であるかを確信したらよいのだろうか. 人生には本来区切りなどないが, 子どもでも中学生でも大人でもない「高校生」という存在を象るための服を着ることで, 自分のアイデンティティを確信でき, 社会のなかで「高校生」として生きている実感がもてるのである.

　同様に, 本来境界線のない人の集団に, 民族アイデンティティを基準として人為的に区切りを設け, 服装でもってその集団を象るのが民族衣装だといえる.

他者との出会い

　それでは, 民族アイデンティティはどのようなときに意識されるのだろうか. それは自分たちとは異なる民族アイデンティティを持つ集団, すなわち異文化や異国からきた「他者」と出会ったときである.

　民族衣装の多くは, 自然環境や長い歴史, **伝統文化**のなかで育まれてきた服をベースとしな

がらも，文化的背景や歴史認識の異なる他者との
接触を契機に，自分たちが何者なのか，他の集団
とどう異なっているのかを意識するときにあらわ
れる服だといえる。つまり何か特定の服が永遠に
民族衣装としてあり続けるわけではなく，他者の
存在を前提とし，他者との違いを強調する状況が
生じた際に，その状況に応じてその都度生みださ
れるのが民族衣装なのである。

図1　観光客に向けて民族衣装を着るミャオ族

　中国を例に挙げてみよう。広大な国土を誇る中
国には，多様な言語や生業，信仰を持つ人びとが
暮らす。同じ文化的要素や歴史的経験を有する人びとは民族として認定されており，中国は人
口の約95％を占める漢民族と55の少数民族から構成される**多民族国家**である。

　少数民族の人びとは，それぞれが独自の装いの文化を持つ。しかし民族集団と日常生活にお
いて着用される服装のまとまりの範囲が必ずしも一致しているわけではない。同じ名前の民族
であっても，居住場所が異なれば着ているものも少しずつ異なっていく。別の民族でも居住環
境が近ければよく似たスタイルの服を着ていることもある。また時代によっても変化していく。

　そのようななか中国では，近年の急激な経済発展にともない，異なる民族同士が出会うシー
ンが急激に増えている。例えば観光地では観光客という他者に向けて，自分たちが何者である
のか，他の民族とどう異なっているかをアピールする必要がある（図1）。また近年では染織
や衣服製作に関わる技法や知識が**無形文化遺産**として登録されることも多く，民族の伝統性や
独自性で他民族との違いを強調することが必須になっている。

　このように，異民族や異国の者といった紛れもない他者を目の前にして，民族アイデンティ
ティが意識され，それを可視化する手段として再構成されてあらわれるのが民族衣装なのだ。

グローバル化する世界での民族衣装

　ところで，国民衣装（ナショナルドレス）と呼ばれる**国家**を表象する服もある。それは民族
衣装と明確に区別できるものではない。もし1つの民族が国家形成の主体となっている場合，
それは国民と同義であり，民族衣装と国民衣装がほぼ同じものとしてあらわれることもあるか
らだ。一方で，中国のように，複数の民族によって国家が形成されている場合，国内において
はマジョリティとマイノリティの間で民族衣装によって違いが強調される一方，国際社会に向
けては国民衣装によって同じ国民としての意識（**ナショナリズム**）を高めている場合もある。
中国は，国内の民族衣装には事欠かないが，国家全体を表す服装が長いあいだ定まっていなかっ
た。そのため2001年，アジア太平洋経済協力（APEC）の上海開催時に「新唐服」というも
のを新たに創造した。そこには，女性用チャイナドレスとともに男性の服も含まれ，世界に向
けて中国人としてのアイデンティティを表明するのに役立てている。

　グローバルに展開する観光やビジネス，出稼ぎ労働，移民など国境を越えた人の移動が活発
になるにしたがい，自らの民族・国民アイデンティティを改めて意識したり確認したりするシー
ンも増えよう。わたしたちは日本人としてのアイデンティティを示すとき何を着るだろうか。
人と人とのグローバルな出会いがある限り，民族衣装や国民衣装は世界各地で新たに創造され
続けていくのである。

（宮脇千絵）

3. 住の多様性と変化

船に暮らす人びとの営みから何が見えてくるだろうか

> **アクティビティ**
> 1) 船での暮らしが見られる環境にはどのような特徴があるだろうか.
> 2) 船と家，それぞれの暮らしの便利さ／不便さをあげてみよう．陸の家での暮らしはいつでも船に勝るといえるだろうか.
>
> **キーワード**：自然環境，社会環境，生業，生活様式，中国，デルタ（三角州），干潟，洪水

　人の住のあり方は実に多様である．住まう場所の**自然環境**，**社会環境**，従事する**生業**により人の**生活様式**はさまざまに変化するからである．例えば，気候が温暖で水資源が豊富な**中国南**部には，古くから河川や海辺で船に暮らしながら，漁撈や水運などに携わる人びとがいた．中国南部最大の河川・珠江の支流の1つである西江も，そうした人びとの暮らしの舞台であった．

　西江は雲南省や貴州省を水源とし，広西チワン族自治区，広東省西部を流れ下り，広東省中部で珠江の他の支流と合流し，やがて南シナ海に注ぐ．河口部にはこれら水系が運んだ土砂が作り出した広大な珠江**デルタ**が広がる．旧外国植民地の香港・マカオに隣接し，広東省都・広州市，経済特区の深圳・珠海をそのエリアに含む珠江デルタは，中国有数の経済発展地域として知られる．この珠江デルタと広西チワン族自治区とを結ぶ運輸交通の柱が，西江を利用した水運である．西江を行き交う運輸船は，長旅に備えた住居機能が充実している．乗組員は1年のほとんどを船上で過ごすため陸に家を持たず，水運をやめた後も水辺に停めた船で暮らすことが珍しくない．

船に住む

　2011年2月と2012年の2月に，わたしが広西チワン族自治区の首府（自治区の政治の中心地）南寧市を訪れたときには，市内を流れる邕江（南寧市周辺における西江の別名）の岸辺に船を停めて住む人がたくさんいた（図1）．その多くはかつて西江で水運をしていた人たちとその子や孫であった．木材やビニールシートで壁や屋根を葺いた船は全長15mほど，幅3mほどで決して大きくはない．船は川岸に対して垂直に停泊していて，岸に近い船首から幅40cmほどの板を渡して陸との往来に用いていた．船の中央部には家人が食事をしたりくつろいだりする広間がある．陸から電線を伸ばして電気を引いており，冷蔵庫やテレビも使える．さらに奥には厨房，寝室，床に穴をあけて川に流すだけの簡素なトイレがあった．煮炊きや洗濯に使うのは川の水だから水道や排水設備はない．こうした船で小さな子どもからお年寄りまでが日常の暮らしを営んでいた．

図1　南寧市・邕江の岸辺に見られた船の住まい

　しかし，その直後に南寧市は川辺の整備開発のために，邕江の岸辺の船を撤去し住民たちを陸の集合住宅に転居させた．中国の国営通信社・新華社が2013年6月25日に報道した記事によれば，2012年から1年余りで600戸，3,000人余りが「風雨に揺れ動く生活に別れを告げ，陸に根を下ろすことができた」という．船に住む人たちは貧しくて家を買えなかったが，この政策で政府が補助金を出し，住まいも用意したの

で安心して陸に住めるようになったという。

船と家，利点と欠点

　しかし，わたしが聞いたところでは，彼らが陸に住まない理由は記事と少し違っていた。橋のたもとに船を停めて住んでいた 80 代の女性（当時）は，陸の暮らしには慣れないから船のほうが良いと言っていた。5 人の息子は陸に家を買って暮らしている。自分も陸の家に住んだことがあるが，快適とは思わなかったから船に戻ったという。「船上は風が通って涼しいが，陸の家は暑い」，「揺れないから陸ではよく眠れない」という人もいた。貧しいから陸に住めないわけではないのである。

　2012 年 10 月 28 日には地元テレビ局が，船の撤去が進むなかでも川辺の生活を捨てきれないという人びとに取材をしていた。出演した 50 歳前後の男性は，「アヒルや魚の養殖ができるし，川で貝を捕ってお金が稼げる」と船に住むことの利点をあげていた。一方，その男性の妹は，大雨で増水すると陸に上がれなくなり食料の買い出しにも行けない，と不便さを訴えていた。彼女は小さい頃から船で育ったという 70 代の母親に陸の家の良さを語り，転居するよう説得を試みているという。こうした言葉に耳を傾けてみると，彼らにとって船と家はどちらも利点と欠点を考慮すべき住まいの選択肢であるとわかる。

船で暮らす人の視点から何が見えるか

　最後に，船で暮らす人の視点に立つことで，陸の家での暮らしを逆にまなざしてみることにしよう。陸の家での暮らしはいつでも船に勝るといえるだろうか。

　これを考えるにあたり，興味深い事例を紹介しよう。先述したとおり，広東省中部には珠江が作り出した広大なデルタ（三角州）が広がっている。川が運んだ土砂が堆積すると，浅瀬に中州や干潟などの低地ができる（図 2）。珠江デルタでは古くからそうした場所を人の手で干拓し農地に利用してきたが，技術が十分ではなかった時代には洪水で頻繁に作物が流された。そのため，低地で干拓に携わる人はみな船に寝泊まりしていた。自身も若い時に船に住んでいたという年配の男性は，「船なら洪水が起きても，大事なものを積んで逃げれば安全」と話していた。陸の家は船より安全という考えは，当時のこの地域には当てはまらないことがわかる。

　なお，現在の珠江デルタでは漁撈や水運に従事する場合を除いて，船に寝泊まりする人はほとんどいない。1950 年代以降，中国政府が住民一人一人に生年月日，出生地，居住地などの届け出を義務付けたため，住所不定になりがちな船での暮らしは営みにくくなったからである。さらに，干拓や建築の技術が向上し，陸の家が流されにくくなったことや，産業化や教育の普及により人びとがさまざまな仕事に就くようになったこともその要因である。しかし，今でも漁撈や水運などに従事しながら船で多くの時間を過ごす人びとを見かけることはある。こうした人びとの視点に立つことで，陸の家に住むという「あたりまえ」を見直し，人の住のあり方の多様性を知ることができる。　　（長沼さやか）

図2　珠江河口にみられる低地

4. 音楽の多様性と変化

音楽の在り方は社会によってどのように異なっているのだろうか

アクティビティ
1) 人はなぜ音楽を必要とするのか．
2) なぜ世界の音楽は社会によって多様なのか．
3) 音楽が変化することによって意識されるルーツとは何だろうか．
キーワード：オセアニア，ジェンダー，自然環境，気候変動，アフリカ系アメリカ人，サブカルチャー，コンテンツ産業，フィールドワーク（現地調査）

異なる音楽のありようを認める

　経済活動，天然資源，食料，政治などに比べて，音楽は人間生活に必須のものだとはいえない。けれども，コンサートホールからスーパーマーケットの店内に至るまで，わたしたちの日常は音楽に満ち溢れている。この事実こそ，ホモ・サピエンスという生物の種にとって音楽が「人間らしく」生きるために欠かせないものであることを物語っている。

　わたしたちが日常聴いている音楽は，ふつう「個別のもの」である。好きなアーティストの曲とか，「よさこいソーラン」「アニソン」など固有のスタイルとして認識される場合がそうである。それらは不朽の名作名盤，人生にわたって鳴り続ける響き，人びとの思いを繋ぐ伝統，懐かしの名曲など，「いつも不変でそこにあるべきもの」として聞こえてくる。だが，一歩下がって眺めると，そのような「変わらないもの」は特定の時間と場所を前提としてしか成り立っていない。異なる時代や民族の音楽は奇異に聞こえるし，自分の音楽の好みが友達にわからないこともあるし，流行はいつか忘れられる。換言すれば，音楽の不変性とは特殊性や儚さと表裏一体なのだ。それだからこそ，異なる音楽のありようを認めその変化の相について理解を深めることは，そこにつながる人の生についての認識も新たなものにしてくれる。もっといえば，人と虫や鳥やクジラとが奏でる「音楽」に耳を傾ける時，生物種を超えたポストヒューマニズムの思考にもわたしたちをいざなうだろう。音楽についての探求は決して無駄なものではないのだ。

生活そのものを生み出す音楽

　音楽は生活の他の側面から切り離されたものではなく，わたしたちの生活そのものを生み出している。音楽の響き方が変わっても，これは人類にとって普遍的で変わることがない。オセアニアの島国・バヌアツには，女性のみが演じるウォーターミュージックという音楽芸能がある。村の女性は腰の高さまで水に浸かり，楽器などは用いず，一斉に水面を素手でリズミカルに打ちたたく。

　ウォーターミュージックはバヌアツ国内だけでなく外国公演も行っている。自分たちの伝統的な生活から培われた世界をグローバルに開示することは現地に暮らす人びとにとっても意義深いこととして受け止められているし，そこで活動する女性たちにとっては社会参画の機会ともなっている。つまり，ウォーターミュージックは，ただ単に水面を打ち付けて音を出すことというより，**ジェンダー**のありようの核心なのだといえる。さらに，水しぶきが上がるとき，図1のように人と音楽と水は一体のものになる。ウォー

図1　バヌアツのウォーターミュージック
出　典：https://orig-ins.fr/2020/11/01/la-musique-de-leau-de-vanuatu/

ターミュージックは，音と水のイメージを通じて**自然環境**と人の暮らしの関係性や，**気候変動**による水をめぐる環境の変化といった今日のテーマを物語るインスタレーションアートとしても観る人の記憶に残り続ける。

図2　カニエ・ウエスト（手前）
出典：https://pt.m.wikipedia.org/wiki/Kanye_
　　　West

変化する音楽

　音楽は変化してきた。図2のカニエ・ウエストはヒップホップの寵児とも呼べる存在である。彼のようなアーティストを輩出してきたヒップホップは，**アフリカ系アメリカ人**のアーティストによって生み出されたアメリカの**サブカルチャー**である。その原動力はアフリカ系住民の都市の経験を代弁することによって生み出され，表現を磨く中で芸術運動として成熟していった。

　現在は**コンテンツ産業**の中で主要な位置を占めているヒップホップに，アフリカの伝統音楽との共通点があるのは興味深い。音楽のビートともに独特の抑揚で政治問題から暮らしの一コマまでをこと上げしながら紡ぎだしていくヒップホップは，西アフリカを中心に広がる語り部の音楽家・グリオの姿を彷彿とさせる（図3）。グリオが歌う時，ヒップホップのアーティストが文化的アイ

図3　マリ共和国のグリオ，モディボ・コイタ（左）
出典：https://www.jstm.org/mali-modibo-koita-chef-des-griots-du-mali-sera-intronise-le-15-septembre-prochain/

コンとして聴衆を魅了するのと同じようにして，人びとは唱和しながら音楽の時間をともに共有する。中世に栄えた王国の末裔としていまも各地に残るグリオたちは古くはそれぞれの歴史を語り継ぐ芸術家であった。そしてヒップホップは現代アフリカの世相を反映するサブカルチャーとして根を下ろしている。ヒップホップに限らず，人の流れとともにアメリカ大陸にやってきたアフリカ系の音楽は変容を繰り返し，いまでは世界のいたるところに多種多様な言語で歌われながら満ち溢れているのだ。

音楽のフィールドワーク

　音楽の多様性や変化は，現場を**フィールドワーク**することによってはじめて形を現す。実地で音楽を体験することがその理解にとって欠かせない。フィールドで新しいリアリティを体験することが，世界を多様性と変化の相のうちに実感する思考を養う。異なる音楽に触れることは，その背後にある世界感を抱擁することに他ならないのであって，フィールドワークには絶対音感のような特殊能力は不要である。

　音楽のフィールドワークは，見も知らぬ遠い所の音楽はもちろん，身の回りや自分が慣れ親しんだ場所でも行うことができる。ただし，漫然と耳を傾けるのではなく，あるいは自己目的化した分析に酔うのでもなく，そこに暮らし活動する人びとの生について，必ずしも直接的に音楽と結びつかない事柄にまで意識を払うことが必要となる。なぜならば，生活上のあらゆることが音楽と結び付いているからである。例えばバヌアツでは自然や女性の生活が，ヒップホップではアフリカ系アメリカ人の生活やアフリカニズムの歴史への理解が不可欠である。もちろんこのことはあらゆる音楽についての探求においても真に必要なことである。　　（諏訪淳一郎）

5. 美術の多様性と変化

アフリカの美術とはどのようなもので，どのように維持されているのだろうか

> **アクティビティ**
> 　1）美術の教科書だけでは知り得ない美術にはどのようなものがあるのだろうか．
> 　2）現代において，アフリカ美術（アフリカンアート）とは何を指すのだろうか．
> 　3）日本でアフリカ美術（アフリカンアート）を鑑賞したり購入したりできる場所はどこにある
> 　　のだろうか．調べてみたり，行ってみたり，触れてみたりしよう．
> **キーワード**：ヨーロッパ，ナイジェリア，都市，植民地，伝統文化，祭祀，キリスト教，教会

　わたしたちが小学生の頃から学んできた図画工作や美術の教科書の大部分は，西洋美術史と呼ばれる**ヨーロッパ**で誕生した美術の歴史とその教育に基づいている．それは日本の伝統工芸でもなければ，地球上における現代社会の様々な同時代の美術を網羅したものでもない．にもかかわらず，わたしたちは美術という言葉が指すものをなんとなく知っているような気になってしまっている．しかし，特定の地域に暮らしながら丹念に調査をしていくと，そこでの美術は西洋美術史における美術とは必ずしも同じではないことがわかる．

　ここでは，わたしが調査を行ってきた**ナイジェリア**の地方**都市**の美術のあり方を例に，それがわたしたちの知っている美術とどのように似ており，また，どのように異なるのかを見てみよう．

ナイジェリアでアフリカ美術を探す

　2000年代初め，わたしはイギリスの大学でアフリカ美術史を学んだ．イギリスはかつてアフリカの一部を**植民地**支配していたため，大学のすぐ近くにあった大英博物館はイギリス（か

**図1　アーティストが制
　作した誕生日カード**
　（2012年撮影）

つての大英帝国）が世界中の国々から集めてきたモノや美術品などであふれていたし，ロンドンの美術館やギャラリーではアフリカの現代美術の展覧会も数多く開催されていた．わたしは世界の美術界の中心の1つであるロンドンでアフリカ美術に関するいくつもの展示を見る機会に恵まれ，それについてかなりわかってきたとすら思っていた．

　しかし，卒業論文を書こうとイギリスの旧植民地であったナイジェリアに実際に行ってみると，大学で学んだアフリカ美術とはちょっと，いや，だいぶん，違った美術（アート／arts）の世界がそこには広がっていた．大学の講義やロンドンの展覧会場で学んできたのは，エキゾチックな仮面や布，近代的な絵画やインスタレーションであった．ナイジェリアにも確かにそういう作品はあった．しかし現地で最も目にし，また，そこで暮らす一般の人びとに最も親しまれていた美術は，お世辞にも「上質」だとは言えない看板や横断幕，肖像画やメッセージカードなどの「普通」の贈り物，アフリカの**伝統文化**をテーマにした「どこにでもありそう」な絵画だった．

　当時のわたしは混乱していた．ロンドンでアフリカ美術史を学んできたし，アフリカ美術の展示もあんなに盛り上がっている．でも，ナイジェリアのこの地方都市ではそれらとは違う美術が生き生きと存在している．これは一体どういうことなのだろうか．

誰だって有名なアーティストになりたいし，誰もがそうなれるわけではない

　それ以来，わたしは2年以上かけ，下宿先の友人たちやその地区に住む人たち，アーティス

ト同士やアーティストの顧客のネットワークをたどって，その地方都市のアーティストを訪ねてまわった。ナイジェリア最大の商業都市ラゴスや首都アブジャの外国人駐在員の居住地区で，「アフリカらしい」絵画を売ってまわる人がいた。国内外のいくつかの都市に親戚と顧客のネットワークがあり，家や個人所有の画廊を建てるくらい順調で裕福な人がいた。1990年代以降，それまで国内の富裕層や海外からの訪問者に売れていた木彫は売れなくなったが，それでも伝統宗教の**祭祀**などわずかな販売の機会を頼りに彫り続ける人がいた。単価は安いが，この都市で最も需要のある横断幕やメッセージカードを中心にコツコツと仕事を続け，家を建て始めている人がいた。20代から版画をはじめ，ヨーロッパでの展示・販売の経験を持ちながらも，地元に戻り細々と制作を続け，同じくアーティストとなった長男と共に今年（2022年），73歳にして初めて，ラゴスの画廊で親子の個展を実現させたアーティストもいた。

　彼らのすべてが国内の大都市はもちろん，欧米をはじめとした海外で作品を展示したいと思っている。ナイジェリアでフィールドワークを始めた当初より，「いつ日本で僕の展覧会を開いてくれるのかい？」とよく聞かれる。しかしわたしが彼らの作品を日本で展示することは難しい。その理由の1つは，日本における美術の評価は，基本的に，先に述べた西洋美術史に基づく価値基準に準ずるからである。では，ナイジェリアの多くのアーティストの作品は評価するに値しないのだろうか。彼らはなぜ，それでもアーティストとして生きていられるのだろうか。

アーティストとして生きる人びとを支えているもの

　ナイジェリアの地方都市で一般の人びとに最も親しまれている美術は，仕事やビジネスに必要な横断幕や看板，冠婚葬祭と社交に必要なメッセージカードや肖像画などの贈り物である。アーティストの多くは，本来の専門や作りたい作品が何であれ，地元において需要のあるこうした美術を手掛けている。そうすることで，細々ながらも現金収入を得ることができる。加えて，彼らは地域におけるいくつかの社会組織に属し，そこで助け合うことで，収入の少ない時期も生き延びている。例えば，**キリスト教**徒の多いこの地方都市では，同じ**教会**に通う者同士のあいだで仕事を紹介し合ったり，請け負い合ったりする。また，人びとは，数十円から数百円といった手持ちの金銭を毎日預けることで，「その日暮らし」でありながら貯蓄を可能にするローカルな銀行，あるいは，隔週や毎月，コミュニティ内で一定額を共同で貯金することで，順番にその貯金額を使って仕事や生活に必要な大きな買い物を可能にする頼母子講を利用している。

図2　教会のレリーフの制作風景（2009年撮影）

　このように，アーティストはそこで暮らす人びとの人生に欠かせないものを制作することで，また，アーティストではない人たちと共に様々な社会組織やローカルな制度を通じて互いに助け合いながら生きている。アフリカ美術と呼ばれるものは，欧米を中心に展示・販売される一群の作品であると同時に，たとえそこで評価されなくとも，アフリカの一地域において必要とされる作品でもある。そして両者は，欧米の美術界の市場と，アフリカの人びととのローカルな繋がりや助け合いによって維持されているのである。

（緒方しらべ）

6. 言語の多様性と変化
多民族国家では言語はどのように使われているのだろうか

　日本語以外の言語を話す人が限られている日本にいると気づきにくいが，世界をみわたすと複数の言語が使われている国は多い．複数の言語を**公用語**とする国家も多く，代表的な例としてベルギーやスイス，**カナダ**などが挙げられる．もちろん，アメリカ合衆国やオーストラリアのように，**移民**を多く受け入れている国では，出身国の言語を日常的に話す人も多い．日本でも，在留外国人統計によれば2021年6月末現在で280万を超える外国人が暮らしており，日常生活では数多くの言語が用いられている．ここでは，複数の言語を公用語とし，また移民も多く暮らすカナダを例にとりあげ，**多民族国家**における言語使用を考えてみよう．

複数の公用語をもつ国

　カナダにおいて日常的にフランス語を話す人は全人口の2割強であり，東部のケベック州を中心に暮らしている．カナダでは，1969年以来，英語とフランス語が公用語とされている．ただし，このことは，カナダ人がみな，この2つの言語を話すことを意味しない．カナダの公用語法は，連邦政府が管轄する領域において，英語またはフランス語のいずれか希望する言語によるサービスを保障するものである．例えば，連邦政府が管轄する施設では，カナダのどこであっても，英語とフランス語で表記される（図1）．また，空港や長距離鉄道の駅などにおけるアナウンスも二言語で行われる．ほかにも，日本のNHKに相当する公共放送には英語とフランス語のチャンネルがある．なお，連邦制をとるカナダでは州の権限が強く，州政府が管轄する施設ではそれぞれの州の公用語が用いられる．例えば，道路標識は州の管轄であり，フランス語のみを公用語とするケベック州ではフランス語のみで表記されている．

　複数の言語を公用語としていても，文字情報は併記することが可能である．一方，音声の場合はやっかいである．とくに，国家的イベントの場合には，どちらかの言語のみを使うわけにはいかない．カナダの建国記念日に相当するカナダ・デーの場合をみてみよう．カナダ・デーの7月1日には，カナダ各地でさまざまなイベントが開催される．なかでも首都オタワでは，元首であるイギリス国王の名代である総督や，首相などの有力政治家が参加するイベントが盛大に開催され，節目の年にはイギリス王室の構成員が参加することもある．まず，招待された歌手が国歌を独唱する場合が多いが，英語版とフランス語版の歌詞があり，3つのパートに分かれる国歌を，英語，フランス語，英語の順に歌うのが一般的である．総督や首相は，いずれかの言語のみではなく，英語とフランス語のいずれも用いてスピーチを行う．ただし，空港のアナウンスのようにまったく同じことを繰り返すのではなく，2つの言語を交互に使い

図1　国史跡を示す二言語表記
連邦政府が管轄する施設は英語とフランス語の両方で表記される．

ながら話を進めていく。スピーチ全体にしめるフランス語の割合はおおむね 3 割程度のことが多い。というのは，近年ではフランス語を日常的に用いる人は人口の 2 割強となっているものの，かつては 3 割程度をしめていたからであり，そうした人口比が意識されている。

2 つの公用語と日常生活

　2 つの言語が公用語になっているといっても，カナダに住む人びとの多くが日常的に用いているのは，いずれか一方である。カナダ全土において，2 つの公用語を話すことができる二言語話者は全人口の約 18 ％にすぎない。1 つの地域に 2 つの言語が存在するとき，多くの場合，使用人口の少ない言語の地位が低くなり，その言語を話す人びとが使用人口の多いもう一方の言語を習得して二言語話者になる。カナダもその例にもれず，使用人口が比較的少ないフランス語を話す人びとが英語を習得し，二言語話者となってきた。その結果，フランス語を話す人が多く居住する東部のケベック州とニューブランズウィック州における二言語話者の割合は，カナダ全土を大きく上回っている。なお，一時期カナダからの分離独立を求める動きが激しかったケベック州では 1970 年代以降，フランス語を保護する政策が推進されており，州内で少数派となる英語を話す人がフランス語を習得して二言語話者となることが現在では珍しくなくなった。

　カナダにおいて実際に英語とフランス語の両方が日常的に用いられるのは，ケベック州とその近隣の州の一部であり，首都オタワや人口規模でカナダ第二の都市であるモントリオールが含まれる。2 つの公用語が日常的に用いられる地域では，公的施設はもとより，飲食店や小売店などのサービス業も二言語でサービスを提供することが期待される。とはいえ，顧客がどちらの言語でのサービスを求めるのかを事前に知ることは難しい。そこで，例えばモントリオールでは従業員が顧客に「ボンジュール！ハイ！」と 2 つの言語を同時に使って呼びかけることが多い。顧客が自らの希望する言語で対応すれば，その言語で応じてくれる。ただし，ケベック州のフランス語保護を重視する立場からは，こうしたあいさつに対して批判的な意見もある。

移民と言語

　移民を積極的に受け入れているカナダでは，大都市を中心に移民が多く暮らしている。一般に，移民第一世代は出身地の言語を日常的に話し，とくに都市では言語を同じくする人びとが集住する例も多くみられる。移民第二世代は親世代と親の出身地の言語で話す一方，学校教育を受けることによって移住先の言語を身につけ，移住先における社会経済的地位を上昇させる。その結果，言語を同じくする者による集住も不可欠ではなくなっていく。移民第三世代は出生時から移住先の言語に親しむことが多く，祖父母の出身地の言語を理解できなくなる場合も多くなる。このように，移民社会では祖先の言語が三世代を経て失われることが広く観察されてきた。

　現代のカナダにおいても，移民は居住地域で広く話されている公用語を習得し，日々の生活を営んでいる。モントリオールのように日常的に 2 つの公用語が用いられる地域では，とくにサービス業に従事する移民は自らの出身地の言語に加えて，2 つの公用語をいずれも話す三言語話者となっている例も少なくない。一方で，トロントなどの大都市では公用語以外の言語を話す人びとの集住地域がみられ，例えば公用語以外で最も使用人口の多い中国語を話す人びとの集住地域では，漢字の看板が目立つショッピングセンターがある。また，保守派のユダヤ教徒のように，何世代にもわたって祖先の言語を継承する例もみられる。　　　　　　　（大石太郎）

7. 交 通
「タイタニック号の悲劇」を乗り越え，世界はいかに結び付いたか

> **アクティビティ**
> 1) ヨーロッパから北アメリカへ向かう船舶や航空機は，航行の途中で風あるいは海流からどのような影響を受けるだろうか．
> 2) ヨーロッパから北アメリカへ船で大西洋を横断したのは，歴史的にどのような人たちだったのだろうか．
> 3) 人や貨物を国際的スケールで輸送する企業ビジネスを持続させていくためには，どのような点を重視して経営すればよいのだろうか．
> **キーワード**：大圏航路（大圏コース），貿易風，偏西風，メキシコ湾流，経線，北大西洋海流

　目的地に早く着きたいという願いは，時代や地域を問わず誰もが抱いている思いである。クリストファー・コロンブスは，それまで東廻りでインドへ向かっていたルートより早く到着できるルートが西廻りで見つかるのではないかと航海に出て新大陸を発見した。障害物のない海上を航海するには実質的な最短距離である**大圏航路（大圏コース）**を進むのがよい。しかしそれは図面上のことで，実際には風向きや海流などを考慮してコースを選ばなければならない。実際，コロンブスは行きは**貿易風**とカナリア海流を利用し，帰りは**偏西風**と**メキシコ湾流**の流れに乗って航海した。

大西洋横断をめぐる旅客船のスピード競争

　1912年4月14日深夜，北大西洋上で氷山と衝突し，翌日未明にかけて沈没したタイタニック号の事故は当時としては世界最大の海難事故であった。1,500名近い犠牲者をだしたこの大惨事については多くのことが語られ，幾度も映画化された。悲劇を生んだ背景にはヨーロッパと北アメリカを結ぶ北大西洋航路のスピード競争があった。

　図1は，アイルランド南部にあるクイーンズタウン（1849〜1922年の呼称で，現在はコーヴ）からアメリカ合衆国・ニュージャージー州のサンディフックまで航海した歴代旅客船の北大西洋横断記録のうち所要日数と船の時速の推移を示している。北大西洋横断はどの区間を航海するかで所要日数は異なるが，この図はすべて同じ区間の記録である。およそ5,300 kmの距離を1872年はほぼ8日間で航行，1889年には6日間を切るようになり，さらに1907年には5日間をも切って到着した。所要日数の短縮は速度の上昇でもあり，1872年当時の時速14.5ノット（1ノットは1,852 m）が1908年には25.0ノットになり，70％以上もスピードアップした。航行時間はその後も短縮され，1936年

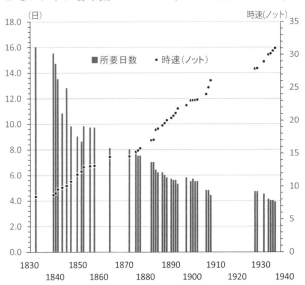

図1　客船による北大西洋渡航の所要日数と速度の推移
出典：林　上『都市と港湾の地理学』2017年より

8月にビショップロック（イギリス・英仏海峡付近）とアンブローズライト（ニューヨークの入口）の間 5,384 km を 4 日間で走破したクイーンメリー号は 30.14 ノットと初めて 30 ノット台を記録した。

流氷回避のためにターニングポイントを決めて航行するルール

タイタニック号の遭難当時，北大西洋航路を運営していた船会社は走行ルールに

図2　タイタニック号の遭難地点とターニングポイント

したがって旅客船を運航していた。晩冬から夏にかけてカナダ・ラブラドル沖から流れ出る氷山が旅客船の航路上に姿を現すことは稀ではなかった。このため，1月15日から8月14日までの間は西経47度，北緯42度の地点（ターニングポイント）までは大圏コースを辿り，ここで向きを変えて航程線に沿って一路アメリカ・ニューヨークに向かうという取り決めになっていた（図2）。航程線は経線と同じ角度を保つ直線のことであり，大圏コースとは異なる。4月中旬に北大西洋海流を西に向かって横断しようと処女航海に出発したタイタニック号も，ターニングポイントで向きを変えた。このコースは3月から6月までの間にかなり大きな流氷が現れやすいとされる海域の南端から 40 km 近く外側に外れており，安全なコースのように思われる。しかし海図をよく見ると，このコースは4月から6月にかけて氷山が現れる海域として海図上にドットで表示されている範囲の北側 160 〜 480 km のところを通っている。つまり必ずしも安全なコースとはいえなかった。

タイタニック号の海難事故から教訓を学び，地球的スケールで交通のあり方を考える

タイタニック号の船長がこのコースを選んだのは，長年の経験から安全と判断したからであろう。これは後からわかったことであるが，1912年は20世紀を通して北大西洋上に氷山が現れた回数が4番目に多かった年であった。タイタニック号の海難事故後，ヨーロッパからの旅客船は安全を期して西経45度，北緯35度のポイントでアメリカへ向かうように変更された。事故以前と比べると距離にして 350 km，時間では10時間ほど長くなる。しかし安全性を軽視することはできない。

タイタニック号には移民も多く乗っていた。ヨーロッパからアメリカへの移民は1907年がピークで1年間に128万人もが大西洋を横断し，1910年までに移民数は1,350万人にも達した。クイーンメリー号が最速記録を達成した1936年のわずか5年後には，パンアメリカン航空が大型飛行艇ボーイング314で大西洋横断旅客輸送を始めた。海から空へと移動手段は目まぐるしく変わり，タイタニック号の遭難事故も遠い歴史の彼方へ過ぎ去ってしまったように思われる。現在は持続的な地球環境という視点から船舶・航空事業を考える時代である。歴史に学びながら，より望ましい国際交通のあり方を考えたい。　　　　　（林　上）

8.　観　光

観光による移動の拡大は地域にいかなる影響を与えたのだろうか

> **アクティビティ**
> 1）観光を目的とした移動はどのように地理的に拡大してきたのだろうか．
> 2）仏教聖地ルンビニを訪れる観光客にはどのような国・地域出身の人が多いのだろうか，文化的要因に着目して考えてみよう．
> 3）ルンビニが世界遺産に登録されたことによって，この地域にいかなる変化が生じたのか考えてみよう．
> **キーワード**：観光，グローバル化，ネパール，世界遺産，仏教，聖地，交通，巡礼

　観光を目的とした人びとの移動は，**グローバル化**の進展とともに，20世紀半ば以降ほぼ右肩上がりに拡大してきた．この過程で，地球上の多くの地域が観光客のまなざしの対象に取り込まれてきた．観光現象は地域に経済機会を創出する一方で，観光地の自然環境や地域社会を変容させるなど多大な影響を及ぼしてきた．しかし，COVID-19パンデミックによって，人びとの移動が強制的に制限されたことで，観光産業に依存してきた地域や観光産業従事者は甚大な影響を被ることになった．このような人の移動を前提とした観光現象の展開をめぐって，解決すべき課題は少なくない．この節では，まず観光による世界規模の移動がいかに拡大してきたのか概観し，次に**ネパール**に位置する**世界遺産**「仏陀の生誕地ルンビニ」を事例に取り上げ，観光現象がこの地域でいかに展開してきたのか，みていくことにする．

観光による移動の拡大

　COVID-19感染症拡大直前の2019年，観光を目的に国境を越えた人びとは15億人に達した．移動するのは観光客だけではない．観光が生み出す経済波及効果によって，起業家や労働者も移動し，これらの移動と共に，またその誘因や結果として，資本や情報，文化，モノ等も行き交うようになった．これらが地球上の諸所で出会い，摩擦が生じたり衝突したり，または混淆・融合するなどして複雑な様相を呈するようになり，少なからぬ地域が観光地として再編され，社会や文化が変容させられてきた．

　国境を越えて移動する観光客到着数の推移を示した図1を見てみよう．観光客が到着する地域において観光現象が展開すると考えると，その展開過程に地域差があることが読み取れる．すなわち，1970年代まで欧米中心であった観光現象は，1980年代からアジアに，少し遅れて中東やアフリカに拡大してきた．また，アジアでCOVID-19の影響がとりわけ大きく表れていることから，観光現象は地理的に不均等発展していることがわかる．

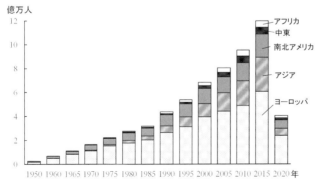

図1　観光客到着数の推移
出典：WTO ed.（2008）World Overview 2007, UNWTO Tourism Highlights 2019 Edition, UNWTO World Tourism 他より作成．

仏教の聖地ルンビニを訪れる人びと

　国連から後発開発途上国に認定されているネパールには，エヴェレスト（正式名称：サガルマータ国立公園）をはじめ世界遺産が4件ある．ここでは，そのうちの1つ「仏陀の生誕地ルンビニ」を取

り上げ，どのような観光地であるのか，観光客の流れに着目して見てみよう。

図2は，ルンビニを訪れる観光客について上位10カ国・地域と，それぞれの総人口に占める**仏教徒**の割合を示したものである。ルンビニを訪れる外国人観光客のうち隣国インドからの観光客が半数以上を占める。次いでスリランカからの観光客が多く，インド

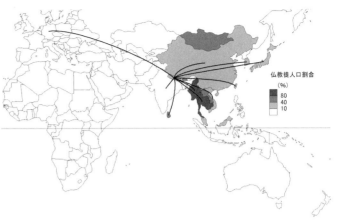

図2　ルンビニを訪れる観光客
出典：Nepal Tourism Statistics 2019，Pew Research Center（2012）

の仏教聖地であるボードガヤーと，スリランカの最大都市コロンボが空路で結ばれた2002年以降急増したことから，**交通インフラ**の整備が観光客の流れを生み出す要因になっていることが指摘できる。この他にもスリランカの政情が安定（当時）したことや，同国が一定の経済成長を遂げたことも，観光客増加の要因として挙げられる。

インドやスリランカの他に，仏教を信仰する人びとが多く暮らすミャンマーやタイをはじめアジア圏からの**巡礼**を目的とした観光客が多い。このような文化的要因も，ルンビニと諸地域を結び付けるきっかけとなっている。

創られる仏教聖地

ルンビニは仏教の四大聖地の1つである。ルンビニの開発事業は，1967年にミャンマー出身で仏教徒のウ・タント国連事務総長がルンビニを訪問したことが契機となっている。1970年代に国連から要請を受けた建築家丹下健三氏が「ルンビニ開発計画」を作成し，以後暫くこの開発計画に沿ってルンビニ公園の整備が進められてきた。この地域には，イスラーム教を信仰する人びとが多く暮らしているが，開発対象地域から地元住民が立ち退かされ，仏教聖地としてルンビニ公園が整備されることになった。

1990年代に行われた発掘調査で仏陀の生誕を証拠づける印石（マーカーストーン）が発見され，1997年に世界遺産に登録された頃から開発事業が急速に進められるようになった。筆者が1996年にルンビニを訪れた時は聖堂周辺に草が生い茂っていたが（図3左），2016年には運河や歩道が整備され（同右），その運河の両側には世界各国・地域名を掲げて建立された寺院が数多く建ち並んでいた。ルンビニ公園には寺院の他に，仏教をモチーフとしたさまざまな建造物が建てられ，仏教聖地としての景観を呈するようになった。

以上のように，ルンビニは仏教聖地として整備され，特にアジア圏の仏教徒を惹きつけるようになった。他方で，近年，ルンビニの観光開発をめぐって，インドや中国，UNESCOをはじめとした関係する諸地域・機関の間で，文化的にも地政学的にも様々な摩擦や衝突が生じていることを指摘しておきたい。　　（森本　泉）

図3　万年灯（左：1996年，右：2016年）

9. 情報通信技術（ICT）

情報通信技術の発達は医療をどのように変化させたのだろうか

> アクティビティ
>   1) 地域によって医療の受けやすさにどんな違いがあるのだろうか．
>   2) 情報通信技術はどのような課題解決に貢献できるのだろうか．
>   3) 地域や職種を超えて情報通信技術を活用するためにどのようなことに気をつければよいだろうか．
> **キーワード**：情報通信技術（ICT），AI（人工知能），インターネット，IoT（Internet of Things），SNS（ソーシャルネットワーキングサービス），情報格差（デジタルデバイド），社会保障

　日本では保険証があれば，一定の負担割合で必要な医療が受けられる。その一方，先進国の中では人口当たりの医師数が少なく，急速に進む高齢化とコロナ禍によって，地域格差や人手不足，多職種の連携不足といった課題が浮き彫りになっている。ここでは，医療の現状とともに，**情報通信技術（ICT）** を用いた医療の可能性と課題をみてみよう。

日本の医療の地域格差

　専門医が勤務する設備の整った病院は都市部に集中しているが，郊外や地方では，専門医が近くにいないために新幹線や飛行機で通院したり，救急搬送の時間が長くなったりするなど，地域によって受けられる医療の質に差が生じている。また，交代要員が少なく医師の負担が大きい地方は，勤務地として選ばれにくいことも，地域格差を生む根本的な原因となっている。

　そこで，国と都道府県は，通院に時間を要する地域の医師を確保するため，へき地診療所を整備するとともに，そこへ医師を派遣したり，巡回診療を行ったりするへき地医療拠点病院を指定してきた。また，大学医学部では，医師の少ない地域で医師が勤務する動機付けをしている。

　それでもなお，最寄りの医療機関まで1時間以上かかる人口50人以上の無医地区が2019年10月現在，全国で590地区存在している（図1）。とりわけ，北海道（76地区），広島県（59地区）など山間部を抱える地域では自力での通院が特に困難なため，家族や知人による送迎や，熱意を持った献身的な医師による往診に頼らざるを得ない。

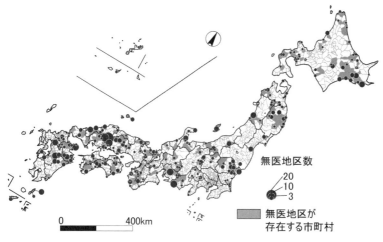

図1　市区町村別にみた無医地区（2019年）（出典：厚生労働省「無医地区等調査」より）

ICTの発達による恩恵

　医療の地域格差に対して，最新のICTの活用が試みられている。なかでも **AI（人工知能）** とあらゆるモノが **インターネット** を介してつながる **IoT（Internet of Things）** の活用が目覚ましい。例えば，AIを用いた医療画像の診断技術は，人間が見落としがちな情報を解析して適

切な治療につながる。IoT の技術を使えば，ウエアラブル端末や自宅に設置したセンサーで血圧や心拍数などの情報が取得できるため，遠隔診療や高齢者の見守りがより容易にできる。人間には難しい精確な分析ができることから，医師の負担や人為的なミスを減らす効果も期待できる。ただし，患者の心理や家庭・職場の状況も踏まえたケアは AI では困難である。

　近年，日本では急速に進む少子高齢化に対応するため，病気を抱えた人でも住み慣れた地域の中で生活を続けられるよう，医療のみならず，介護スタッフなども協力して予防や生活支援まで行う仕組みを整備することが目標となっている。それには，患者の基本情報や診療記録などを病院や診療所，薬局，介護施設などの間で共有する仕組みが不可欠である。例えば，病院のカルテを共有すれば，入院前や退院後の受診先でも入院中の経過を確認して，検査の無駄を省いた最適な医療が提供できる。

顔の見える関係に基づく情報共有

　しかし，患者の治療のための医療機関のネットワークによって規格や参加者の範囲が異なっているため，職種や地域を超えた ICT による円滑な情報共有のためには，自治体や医師会を含めて多職種間の顔の見える関係を築く必要がある。

　医療機関や専門医が少ない長崎県の離島では，高度な医療は九州本島で受ける必要がある。そこで，長崎県と離島の市町は，組合を設立して医師を養成・派遣するとともに，遠隔画像診断システムを導入して，九州本島による専門的な診断やヘリコプター搬送の可否判断が即座にできるようにした。2009 年には離島に分散していた病院が集約され，五島列島の上五島では，医師や看護師の不足が解消された。こうした長年の取り組みで離島と九州本島の関係者には，顔の見える関係に基づくネットワークができており，長崎県からの補助金や医師会による普及・広報活動もあって，病院の電子カルテ共有システムが県内全域に普及した。これによって，たとえ離島の患者が島外の病院で治療を受けても，離島の医師や薬剤師が診察内容を確認することで，切れ目のない医療が提供できるようになった。

　他方，大都市では，参加者が相互に信頼し，ICT を用いて草の根的なネットワークが形成されている。京都市のよしき往診クリニックは，医師と，訪問看護師や介護福祉士，薬剤師といった医師以外のスタッフからなるユニットが患者宅を訪問し，スタッフは電子カルテの代行入力や体温や脈拍の測定などを行う。チーム内全員が問題を把握するため，個人情報を保護できる無料の医療用 **SNS**（ソーシャルネットワーキングサービス）が利用されている。京都府医師会が SNS の利用を勧めており普及に一役買っている。また，スタッフは医師と地域の訪問看護師や介護職員との仲介役も担い，同じ SNS で情報を共有している。チーム医療で培われた組織内外の関係性は，新型コロナウイルス感染症による自宅療養者への訪問診療にも受け継がれ，基幹病院や京都府の入院コントロールセンターとの連携による訪問診療体制が構築された。

　コロナ禍でオンライン診療が解禁されるなど，医療分野における ICT の利用可能性は高まっているが，地域格差を解消するには克服すべき課題も多い。とりわけ，農村部や離島では，急病時の対応に遅れが生じないよう，自治体や医師会を含めた広域的な対応が求められる。また，インターネットやデジタル機器を使える人とそうでない人との**情報格差**の改善も必要である。さらに，医療の地域格差の根本原因として考えられる，スタッフや施設の絶対的不足や偏在を改善せず，ネットワークの形成とその運用のための人材の確保を市場に委ねてきた**社会保障政策**についても問い直す必要があろう。　　　　　　　　　　　　　　　　　　（中村　努）

10．コミュニケーション
アフリカの遊牧民はなぜ携帯電話を大歓迎したのだろうか

アクティビティ
1) 技術革新が社会に浸透していく過程は，世界中でどのように違っているだろうか．
2) 同じ携帯電話でも，わたしたちの使い方とここで紹介されているケニアの遊牧民の使い方ではどのような共通点と相違点があるか，リストアップしてみよう．
3) リープフロッグ型発展とは何か，どのような例があるのかを調べてみよう．
キーワード：情報通信技術（ICT），携帯電話，発展途上国，遊牧，情報格差（デジタルデバイド），技術革新，紛争，グローバル化

　情報通信技術（ICT）の発展によってもたらされた**携帯電話**は世界を変えつつある．世界の最も僻地と言われるような場所ですら，携帯電話が普及し，**発展途上国**の人びとの日常生活にとって欠かせないものとなりつつある．

　世界には多くの**遊牧**民が暮らしている．彼らはウシ，ウマ，ラクダ，トナカイ，リャマ，アルパカ，ヤギ，ヒツジなどの動物を飼育し，その乳や肉を利用して生活を成り立たせている．極度に乾燥していたり，猛暑だったり，寒冷であったりして，農耕を営むことが困難な場所に

住む人びとも多い．サハラ砂漠以南のアフリカには，2億6,800万人の遊牧民が暮らしている．ケニアのマサイやサンブルの人たちはそのような遊牧民の1つで，メディアでは着飾った派手派手しい戦士の姿が先住民の代表として良く登場する（図1）．ここでは，わたしが調査をしてきたケニアのサンブルの人びとの間での携帯電話の利用についてみていこう．

図1　縦笛を演奏するサンブルの青年

携帯電話を大歓迎した遊牧民

　アフリカ諸国で携帯電話が急速に普及し始めたのは2000年代のことである．2010年には，アフリカ全体でその普及率は50％を超え，中には100％を超えた国もあった．わたしが調査を継続している集落でも成人の携帯電話普及は，2009年時点で77％に達していた．

　この写真はあるサンブルの男性が使っていた携帯電話である（図2）．ご覧のとおり数字や文字があるはずのボタンに何も書かれてない．使いすぎて摩耗で文字や数字の印字がすべて剥げ落ちてしまったのである．それではどのようにしてこの方は携帯電話を利用しているのだろうか？

　実はこの方は，携帯電話の数字や文字がもとあった場所をすべて覚えている．それで利用には困らないのだという．これは，サンブルの人びとが携帯電話を大歓迎してきたことをよく表していると言えるだろう．

サンブルの社会で携帯電話が用いられるようになったのは，電波中継機が設置された2005年頃である．今やスマホやタブレットをもっている人もみられる．それでは，どうして人びとはこれほどまでに携帯電話を大歓迎したのだろうか．

　ケニアの固定電話の状況は，東アフリカ最大の首都ナイロビですらひどい状況にあった．何度かけても，「ただいま回線が混み合っております，また後でおかけ直し下さい…」というアナウンス音声

図2　あるサンブルの男性の携帯電話

ばかり聞かされるのにはうんざりさせられたものだ。まして や，サヴァンナで暮らす遊牧民が固定電話を持つことなど考えられなかった。このように固定電話の場合，極めて大きな**情報格差**が存在した。しかし，携帯電話は，この情報格差を一気に縮めたのである。

図3　携帯電話で通話するサンブルの青年

わたしが携帯電話を使い始めた時，電気もガスも水道もないサヴァンナで，それが普通に繋がったことにまず驚いた。ましてや，牧草や水を求めて住居を移動させることの多い遊牧民の居住地では，固定電話を利用できる人はほとんどいなかった。携帯電話は固定的な場所に縛られない新しいコミュニケーションの方法を遊牧民に提供したのである（図3）。

携帯電話によって可能になったのは，通話やメッセージの交換だけではない。携帯電話によって金融の**技術革新**が進み，この地域ではこれまでできなかった送金や支払いをすることも可能になった。とくに遊牧民の居住地では，ナイロビ等の大都市に出稼ぎに出ている人から地方に送金することが多くなった。

携帯電話をめぐるうわさ話

このように携帯電話は多くの恩恵を遊牧民にもたらしている。しかし，その一方で携帯電話はうわさ話の流布や**紛争**の拡大など新たな問題も引き起こしている。2010年の8月31日にケニアでは，携帯電話をめぐるうわさ話が首都ナイロビからひろまった。通話やSNSで特定の電話番号に発信すると，電波の影響で脳から出血し，死んでしまうので発信しないように警告する内容のものであった。その電話番号に電話をかけると，通常黒色で示される携帯電話の番号が，赤色で表示されるという。

もちろん，まったく根拠のないイタズラに過ぎない。しかし，このうわさ話は急速にひろまり，首都ナイロビから300 kmを隔てるわたしの調査地でも，9月1日には多くの人びとがこのうわさ話を信じ込んでしまった。ある女性はこのうわさ話を聞いて，9月5日に嘘だと知らされるまで，携帯電話を金属製の箱の中にずっとしまい込んでいた。

携帯電話とどうつきあっていくか

携帯電話は紛争にも用いられている。携帯電話が普及し始めた2005年にわたしの調査地で紛争が発生した。以前には戦闘の際には人びとは歩いて銃をもって戦いに加わる戦闘員を集めなければならなかったが，この時には，人びとは携帯電話で銃を持って戦場にかけつけるよう連絡したので，驚くほど短時間で，遠距離から戦闘員が集まり，携帯電話のせいで紛争の規模が急速に拡大した。

しかし，2009年に紛争が終わると，人びとは敵対する人びとと携帯電話を使って情報交換する仕組みをつくりあげた。携帯電話でお互いの誤解を解き，互いに敵意がないことを確認することによって，紛争を未然に防ぐようになったのである。

携帯電話は世界を1つにする**グローバル化**の権化と言われている。しかし，同じ携帯電話であってもその使い方は世界の地域によって異なっている。この新しいテクノロジーを，ケニアの遊牧民の人びとは，歓迎したり恐れたり，それに振り回されたりしながらも，うまくつきあう方法を模索してきたのである。　　　　　　　　　　　　　　　（湖中真哉）

11. 移　民
華人社会はいかに世界に展開してきたのだろうか

> **アクティビティ**
> 1) なぜ多くの中国人が海外へ渡ったのか.
> 2) 華人は海外でどのような生活をしてきたのか.
> 3) 世界各地でみられるチャイナタウンは, どこでも観光地になっているのか.
> **キーワード**：華人, 移民, 華僑, ゴールドラッシュ, 白豪主義, チャイナタウン, 改革開放政策,
> 中華街

　海外で現地の食事に飽きてしまったとき, 日本料理店を探してもなかなか見つからない. た
とえあっても, 経営者は中国人や韓国人で, 少し変わった「日本料理」と出会うことが多い.
一方, 中国料理店はヨーロッパやアメリカ合衆国だけでなく, アフリカやラテンアメリカなど
世界各地で見られ, 多くの日本人が好きな中国料理を味わうことができる.

　中国料理店を経営するだけでなく, アメリカのシリコンヴァレーのような IT 産業の中心地
にも多くの**華人**が住んでいる. では, 華人はなぜ世界各地に広く分布しているのだろうか. 海
外で暮らす華人の実態を探究することにより, 世界の**移民**への理解を深めることができよう.

中国から海外へ－華僑と華人－

　中国から海外に移住した人びとやその子孫は, 一般に「**華僑**」と呼ばれてきた.「華僑」の
「華」は中華,「僑」は仮住まい（中国語では「僑居」という）を意味した. すなわち華僑とは,
海外に仮住まいし, いずれは中国へ帰る人びとをさした. 中国では, 海外に居住し, 中国籍を
保有している人に限定して「華僑」と呼んでいる. しかし, しだいに移住先に定住する「華僑」
が増えると, 本来の「華僑」の意味とは異なり, 定住する人びとが増加し, 自らを「華人」と
呼ぶようになった.

　さて, 中国人が海外へ大量移住するようになったのは, 古くは宋代（960 ～ 1276 年）以前
までさかのぼることができる. 16 世紀以降, オランダ, イギリス, フランス, スペイン, ポ
ルトガルなどによる東南アジアやラテンアメリカなどの植民地化が進み, サトウキビやゴムな
どのプランテーション, すず鉱山などにおける大量の労働者が必要となった. 特に奴隷解放以
後, アフリカ出身の黒人奴隷に代わる低賃金で働く労働者として, 中国人への需要が高まった.
アヘン戦争（1840 ～ 42 年）以後, 現在の福建省のアモイ（厦門）やフーチョウ（福州）, 広東（カ
ントン）省のコワンチョウ（広州）などの港が開港され, 福建や広東の人びとが植民地開発の
労働者として東南アジア, ラテンアメリカなどに移り住んだ.

　一方, アメリカ合衆国, カナダ, オーストラリアにも華人が多く住んでいる. その歴史的背
景には**ゴールドラッシュ**がある. 1848 年にカリフォルニアのシエラネバダ山脈の山麓で, ま
た 1851 年にはオーストラリアのシドニーやメルボルン近くで金鉱が発見された. 香港に近い
珠江（チュー川）デルタに住む広東人が一獲千金の夢を抱いて, アメリカやオーストラリアの
大陸に渡っていき, 広東人中心の華人社会を形成した.

海外の新天地での生活

　海外で働いて, 豊かになって中国に戻ろうと思って海外に渡った多くの華人には, 厳しい現
実が待っていた. 一生懸命働いても豊かにはなれず,「故郷へ錦を飾る」ことができないまま,

海外に定住することになった華人が多かった。さらに華人に対する人種差別にも見舞われた。オーストラリアでは，華人移住者を制限するために白豪主義政策がとられた。

　華人の生活を支えたのは，親類や同郷人の血縁・地縁的結びつきであった。中国の方言の差異は非常に大きく，共通語や通訳がなければ異なる方言集団間では会話が成り立たない。華人は福建語や広東語など出身地の方言が通じる社会の中で互いに仕事を紹介し，助け合いながら生活してきた。少しずつ豊かになった華人の中には，中国の出身地の発展のために，学校，病院，道路などの建設費用を寄付する者もいた。

第二次世界大戦後の華人社会の変化

　海外の華人社会が大きく変化するのは，第二次世界大戦後である。植民地が独立する一方で，華人の出身地では，1949 年，中国共産党により中華人民共和国が成立した。

　植民地時代，華人は，イギリス，オランダ，フランスなどの植民地支配者と，植民地の現地の人びととの間に入り，商業をはじめ経済活動で大きな力を持ってきた。しかし，独立により植民地支配者が去った後，政治的実権をもった現地の人びとの中では，華人を排斥する感情が高まっていった。反華人暴動によりチャイナタウンで暴行，放火，略奪なども発生した。

　このような中，華人は現地の人びとに「わたしたちは，（いずれ中国に帰る）『華僑』ではない。現地に定住する『華人』なのだ。わたしたちは中国人ではない。インドネシア人だ，マレーシア人だ……」と主張するようになった。こうして華人の現地社会への同化が，徐々に進んでいった。

変化する世界の華人社会とチャイナタウン

　1970 年代末，中国は改革開放政策を開始し，1980 年代半ば以降，貧しい中国から豊かな海外に出稼ぎや留学に行く者が急増した。中国人留学生の中には，大学卒業後もよりよい職を見つけて現地に留まる者も多く見られようになった。世界の華人人口に関する正確な統計はないが，今日，約 6,000 万人との推定もある。

　華人の分布は，東南アジアなどの旧植民地に限らず，アメリカ合衆国，カナダ，日本，オーストラリア，ヨーロッパ各国など世界各地に広がっていった。アフリカ各地では，さまざまな中国製品を販売する華人経営の大規模なショッピングセンターも増加している。その結果，数多くの新しいチャイナタウンが世界各地に形成されている（図 1）。

　日本でチャイナタウンと言えば，横浜中華街のような観光地を思い浮かべる人が多い。しかし，チャイナタウンは基本的に華人が必要とする生活物資や情報などが入手でき，学校，団体など中国の伝統文化を保持できる場所でもある。中国料理や中国文化に関心を持つ現地の人びとが多い地域のチャイナタウンの中には，横浜，サンフランシスコ，ニューヨーク，ロンドン，シドニー，メルボルンなどのチャイナタウンのように観光地化しているところもみられる。　　　　（山下清海）

図1　ニューヨーク郊外，クイーンズ区の新しいチャイナタウン

12. 難民・無国籍者
難民はいかに移動先で社会を形成してきたか

> **アクティビティ**
> 1) 過去10年間で，どこからどんな難民がどのような手段で，どこへ移動したか．
> 2) ある人が難民ではなくなるのは，どんな時だと考えられるか．
> 3) 難民を「かわいそうな人」としてのみ理解することの問題点は何か．
> **キーワード**：難民，国連難民高等弁務官事務所（UNHCR），グローバル化，伝統文化，マイノリティ

　世界の**難民数**は増加傾向にある。難民の動向は，**国連難民高等弁務官事務所（UNHCR）**が「グローバル・トレンズ・レポート」で発表している。日本語では「数字でみる難民情勢」として毎年更新されている。スマートフォンや格安航空会社の普及など**グローバル化**の進展で，いまでは出身国から直接先進国を目指す難民の移動もみられる。ここでは，難民として暮らす人びとがいかに移動先で社会をつくってきたのかをみてみよう。

難民とは誰か

　難民とは，政治的な迫害による恐怖から逃れてきた人である。例えば，国民を弾圧する軍事政権を批判し迫害される人や，特定の民族集団に属するため迫害される者は難民になり得る。経済難民という言葉があるが，これは広義の難民を指す。難民は，必ずしも最初から経済的に困窮しているわけではない。ユダヤ人難民のアインシュタインが典型例で，有能で成功した人も難民になり得る。難民問題といえば，その人口規模と難民になったため直面する貧困に着目されがちだ。しかし，難民問題とは流出国と受入国の双方が抱える政治の問題である。

「かわいそう」な難民

　難民は支援対象になるので，哀れみの目で見られることが多い。難民と言えば，飢えた子どもの姿を想像するかもしれない。ここで国連難民高等弁務官事務所（UNHCR）のウェブサイトで使われている写真を確認してみよう。時勢によって切迫した写真もあるだろうが，日常の一コマや人が移動する姿も掲載されているはずだ。笑顔の写真もあるだろう。哀れみのまなざしのみで切り取ることは，人としての尊厳を傷つけることになるからである。確かに難民としての暮らしには，喪失感がともなう。故郷から引き離される苦しみや，支援に頼らざるをえない負い目，偏見から生じる差別もある。難民は，自身の社会や文化から引き離された，いわば「根無し草」とされることも，かわいそうな難民像に繋がる。

　難民を理解するための切り口の1つは，人びとが故郷で行ってきた**伝統文化**である。日本では東日本大震災後，地域の祭事の再興が復興の1つの象徴とされた。伝統文化は，難民や被災者など故郷を失った人びとが生活を立てなおし，人と人の繋がりを再創造する契機になる。

越境する文化と生活様式

　ここでは，わたしが現地調査をしてきたミャンマー出身のカレンニー難民を事例に「1つに繋がる世界」を考えよう。ミャ

図1　難民キャンプのケトボ柱

ンマー内戦のため，多くの人びとが1990年頃から隣国タイの難民キャンプに避難した。数年後，難民キャンプではケトボ祭とディクー祭という祭事が復興した。ケトボ祭とは御柱を立て，神を慰撫し安寧を願うもので，ディクー祭は収穫祈願の祭事で，家族の良好な関係を確認する意味がある（図1）。これらは精霊信仰にもとづく祭事だが，キリスト教徒も仏教徒も参加し，カレンニーという民族的なまとまりを再確認するものとして意義づけられるようになった。

政情から故郷へ帰還できなくなると，国連が仲介する第三国定住制度という再定住支援制度が導入された。2005年以降，タイの難民キャンプから多くの難民がアメリカなど欧米の先進諸国へ再定住した。そして移住先でも，伝統行事が復興している。アメリカのミネソタ州のカトリック教会では，難民に理解のある神父のもと，それが精霊信仰の行事であるにもかかわらず教会の敷地で祭事が行われて

図2　オーストラリアで文化の多様性を祝う祭り
先頭の男性はFacebookでライブ配信をしている.

る。オーストラリアのメルボルンでは，多文化主義の理念にならい自治体がケトボ柱を立てる土地を提供している（図2）。

先進国でマンション暮らしが始まっても，料理など生活様式は変わらない。集住地では，かつてのように人びとは互いの家を往来する。料理を再現するには食材が必要になる。アメリカでアジア野菜を栽培し供給しているのは，ラオスの内戦に巻き込まれ1980年代に難民として渡米したモン難民である。モン難民が整えた生活環境が，ミャンマー難民の定住をスムーズにさせている。

暮らしが落ち着くと，お金やパソコン，スマホなどを難民キャンプの親族や友人に送るようになる。しかしやりとりは双方向だ。難民キャンプから先進諸国へは調味料や食材，お菓子，伝統衣装などが郵送される。伝統衣装の織り手はキャンプにいるからだ。移住してから20年が経過しようとするが，難民キャンプとの繋がりのなかで新しい生活が展開している。

複数の場所との繋がり

伝統文化の復興や，先進諸国と難民キャンプとの関係性に着目すると，「繋がり」のなかで難民を捉える重要性を指摘できる。難民は「根無し草」ではない。むしろ移動先に足場をおきながら，故郷や難民キャンプなど複数の場所との繋がりのなかを生きている。ここに時間軸を加えると，若い世代にとって，伝統行事の発祥のミャンマーは生まれた場所という意味での故郷ではない。それでもこの繋がりが維持されるのは，移動先で**マイノリティ**として自身のアイデンティティを内省するからである。グローバルな人びとの繋がりは，近年のSNSの普及で加速したことは言うまでもない。

わたしたちは難民を支援者の視点でみてしまいがちである。しかし，難民とは政治的につくられるカテゴリーである。人びとの文化と繋がり方に着目することは，難民として生きる人びとを理解するための第一歩になる。ある人が難民であり続けるのは，難民を受け入れる側の姿勢にも要因がある。支援者であることも重要だが，共に生きる者として自身はどう変わらなければならないのかを考えてみよう。
（久保忠行）

Ⅲ．宗教世界をフィールドから考えてみよう

13．宗教と文化

わたしたちは宗教を信じていないのだろうか

> **アクティビティ**
> 1) 典型的な「宗教」と呼べるものにはどのようなものがあり，どの地域に広がっているだろうか．
> 2) 典型的ではないが，広い意味では「宗教」と呼べそうなものには，どのようなものがあり，どの地域に広がっているだろうか．
> 3) 自分の生活のなかに，「宗教」と呼べそうな要素はないか，考えてみよう．
>
> **キーワード**：中国，宗教，社会主義，世界宗教，民族宗教

　1990年代後半，中国の雲南省で宗教の調査をしていた頃，わたしは郷土史家の漢民族の男性（仮称Aさん）と知り合った．Aさんは当時50代後半で，現地の宗教事情を教えてくれる親切な人だったが，残念なことに，地元の人びとを馬鹿にする傾向があった．雲南省は民族的にも宗教的にも多様で，何らかの宗教を信じている人びとも多い．しかしAさんは，「宗教とは非科学的な迷信であり，教育程度の低い人びとが信じるものだ」と考えている．そして彼自身は，そんなものは一切信じず，ただ社会主義を信奉していると言う．その考え方によれば，「科学が発達して生産性が向上し，平等で豊かな社会になれば，人間はあらゆる問題を自力で解決できるようになり，神に祈る必要がなくなって，宗教はやがて消滅する」というのである．

　ところがある日の昼下がり，わたしがAさんの家を訪ねると，彼はいつになくしんみりとした表情で，こう語りだした．「昨日の夜，わたしの夢枕に亡き母が現れた．それでさっき墓参りに行き，今帰ってきたんだ」．それからAさんはしばらく母親の思い出話をし，夢の中の母がいかにリアルだったかを語った．聞いているうちにわたしは我慢できなくなって，ひかえめにではあるが，「あなたから宗教じみた話を聞くとは思いませんでしたよ」とからかった．するとAさんは「いやいや，これは宗教なんかじゃないよ」と言い出した．

　「でもAさん，あなたがしたのは死者の霊の話ですよ？死者の霊を信じるというのは，一種の宗教のようなものだし，あなたの嫌う迷信そのものでしょう．」

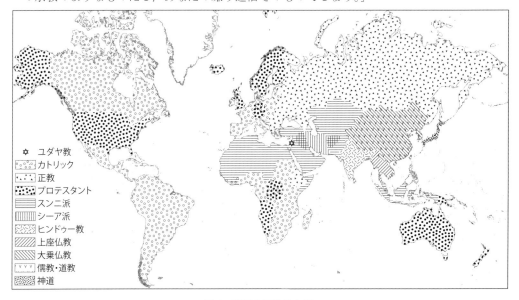

凡例：
* ユダヤ教
* カトリック
* 正教
* プロテスタント
* スンニ派
* シーア派
* ヒンドゥー教
* 上座仏教
* 大乗仏教
* 儒教・道教
* 神道

図1　世界の宗教分布図

出典：宗教文化教育推進センター 2019.『解きながら学ぶ日本と世界の宗教文化』集広舎，218頁．をもとに，横山 智作成.

「いや違う。そういうものじゃない。」

「では夢に現れたのは，単に母親の記憶にすぎないということですか？」

「いや，単なる記憶ではない。現れたのは，確かにわたしの母だった。自分は神も仏も信じないけど，先祖の存在は信じるよ。死んだらきっと先祖たちが迎えてくれる」。

宗教の多様な在り方

　この話には，「宗教」についての3つの異なる考え方が現れている。1つは，「神仏などの霊的存在を信じる思想や慣習のうち，教義，儀礼，聖なる書物，聖職者や信者の組織などが高度に体系化されていて，長い歴史を持つものだけを宗教と呼ぶ」という考え方である。例えばキリスト教とイスラームと仏教は，そうした意味での典型的な「宗教」であり，民族や国境や階級の違いを越えて世界的に普及しているという意味で，特に**世界宗教**と呼ばれることもある。これに対して，一定の体系性を備えていても，1つの国や民族などを越えて広がらないものは，**民族宗教**という。日本の神道や，インドのヒンドゥー教などはその例である。

　2つ目は，「体系性や歴史の有無にかかわらず，霊的存在に関する思想や慣習は，すべて宗教として考えてみよう」というものである。わたしを含め，宗教的現象を研究する研究者の一部は，この考え方を採用することもある。この考え方だと，母親の霊に突き動かされてお墓参りをしたAさんの経験は，「祖先崇拝」という一種の宗教ということになる。実は，雲南省の少数民族が信じているのは，中国では「宗教」と認められない，このような慣習や伝統であることが多い。「祖先崇拝」の他には，「シャーマニズム」や「アニミズム」などが，例として挙げられる。だから，先祖（＝死者の霊）の存在を信じていても，それは「宗教」ではない，というAさんの理屈は，中国では一応通るけれども，わたしには奇妙に感じられるのである。

　3つ目は，「宗教は科学よりも劣った思想である」という考え方である。これは宗教の中身よりも，「宗教」という言葉をめぐるイメージ戦略に関わっている。前述のとおり，社会主義社会では宗教に対する評価が低く，イメージもよくない。ということは，自分にとって不都合な考え方に「宗教」というレッテルを貼ることができれば，相対的に自分の考えの方が優れていると多くの人びとに思い込ませたり，自分自身そう思い込んだりできるということでもある。例えばAさんの態度には，「宗教の信者は教養レベルの低い人たちなので，自分のような優秀な知識人が宗教を信じるべきではない」という思い込みが見え隠れする。こうした発想は，宗教に否定的な，ある種の進歩主義思想の影響を強く受けた地域の人びとに，根強く残っている。

　実際には，科学と宗教は常に必ず矛盾するというものではない。それに，どんな人間にもなんらかの思い込みはつきものであり，宗教を信じている人だけが特に思い込みが強いというものでもない。見方によってはAさんも，自己流に解釈した「科学」や「社会主義の理想」を盲信しているとも言える。人びとをそうした盲信に導きやすい政治思想などは，「疑似宗教」と呼ばれることもある。

　このように「宗教」，ひいては「人が何かを信じる」ことは，非常に複雑な現象であり，どこからどこまでが宗教なのか，あるいは宗教の中でもどこまでが神道でどこからが仏教かなどの線引きは，明確にできないことも多い。おおまかなイメージを掴むために，ここに宗教分布図（図1）を掲載しているが，これは飽くまで便宜的なものにすぎない。どの地域にも宗教をめぐっては往々にして複雑な事情があるものである。宗教と地理の関係をより深く理解するために，その地域の歴史にも留意しながら学ぶことを心がけよう。　　　　　（長谷千代子）

14. キリスト教
東アジアにおいてキリスト教はどのような発展をとげてきたのだろうか

> アクティビティ
> 1）世界中のキリスト教の中で東アジアのキリスト教はどういう特徴があるか.
> 2）日本の古い教会やキリスト教系の学校がどのように作られたか調べてみよう.
> 3）植民地化, 脱帝国化, 民主化といった問題にキリスト教以外の宗教はどのように関わってきたのだろうか.
> キーワード：宗教, キリスト教, 台湾, 植民地, 教会, 移民, 韓国, 母語

　東アジアの宗教としてなぜキリスト教を取り上げるのかと思った人は少なくないだろう. 仏教や儒教, 神道, 道教等があるのだから, 東アジアであれば東アジアの宗教を, キリスト教なら欧米のキリスト教について知ればいいと思われるかもしれない. しかし, それは先入観で世の中を判断しているのではないだろうか. 例えば台湾の民主化に貢献した故 李登輝元総統は熱心なクリスチャンであったし, 飛行機がソウルの空港に向けて降りていくと, 町中に赤色の十字架が掲げられ, キリスト教が広く浸透しているのを目の当たりにする. 東アジアにとってもキリスト教は小さな存在ではない. ここでは近代以降の東アジアのキリスト教を振り返りながらそのことを考えてみたい.

東アジアの近代化とキリスト教
　日本の近現代史の幕開けは 1853 年に黒船が来航したことに端を発する. 中国ではアヘン戦争が 1840 年に発生した. 西欧列強による植民地化の裏にはキリスト教の存在があった. 開かれた港には軍隊と同時に宣教師達が上陸し, 積極的に布教活動を行った. 函館, 横浜, 神戸, 長崎等の当時開かれた港町に古い教会が多く, 今日ではライトアップされるなどして, 観光地にもなっているが, その背景には近代化と結びついたキリスト教と植民地主義の存在があり, 東アジアに対してもキリスト教は大きな影響を与えた. 各地で教育, 医療, 政治, 社会運動等においてキリスト教が大きな役割を果たしている.

東アジアにとっての脱帝国とキリスト教
　近代化と植民地化, キリスト教の密接な関係は, 旧植民地でキリスト教の影響が強い南米やフィリピン等のように世界の広い地域で見出すことができる. 一方でキリスト教国ではない日本が植民地化を行ったという点で東アジアには独特な面もある. 欧米列強の植民地戦略は, キリスト教を知らないことは文明を知らないことと等しいとみなし, 文明化させるために植民地にする必要があるという当時の非キリスト教地域に関する偏見に基づいていたのだが, 同様の地位を当時の日本では国家神道が担うことになり, 帝国日本の植民地におけるキリスト教は, 時に日本と対抗し, 時に協力するという関係性を築いていた.

台湾の在留日本人女性, 日本語族台湾人と日本語キリスト教
　キリスト教と国家, 近代化の関係は, 今どうなっているのか. 戦後台湾社会を生きた残留日本人女性達とキリスト教について紹介したい. 台湾人と結婚して戦後も移民として台湾に暮らし続けた日本人女性は少なくない. 彼女達の中には日本語しか話せないという人もおり, 徐々に日本語が通じる人びとが亡くなってしまうことで, 話し相手がいなくなり, 足腰が弱り外出

が困難になると，家で孤独に暮らしていたという人もいる。

　老齢期に入った彼女達をサポートしてきたのが，日本語教会やキリスト教系の日本語でのデイケアセンター等である。わたしが出会った日本人のおばあちゃんは，日本で台湾人と結婚し，戦後，数年だけ滞在するつもりで台湾に移住した。会う度に彼女は「浦島太郎みたいでしょ」と話し，命がある間に日本への帰国が叶わなくても，せめてお墓は日本に作って欲しいと望むが，それもまた困難であることを理

図1　日本語によるキリスト教系デイケアセンター「玉蘭荘」に集まる人びと

解していた。台湾の日本語によるキリスト教は，日本人女性だけの場ではなく，日本統治期に教育を受けた日本語族と呼ばれる台湾人の場でもある。この人達も，ここで若い頃に楽しかった思い出のある恋しい日本を味わい，懐かしんでいる。

　キリスト教系の老人ホームを日本語教会の人たちと訪問した時のことである。ある台湾人のおばあちゃんが危篤状態に陥っていて，ヘルパーさんが，わたしたちが日本語教会の関係者であることを知り，日本語で最期のお祈りをして欲しいと言われたことがあった。求めに応じ，全員で体に手を置き，日本語で讃美歌を歌い，祈った。翌日，彼女は天国に帰ったと聞かされたが，日本語で祈った後，心なしか安らかな顔になったような気がした。

　在留日本人妻達をケアする施設は**韓国**にも存在する。全州という場所のナザレ園という名の施設で，やはりキリスト教系である。キリスト教は近代化の中で帝国主義と行動を共にし，支配に加担してきたが，東アジアの脱帝国化の時代には残された人びとに寄り添いケアを行ってきた。

東アジアの民主化運動とキリスト教

　アジア・太平洋戦争の終結は東アジアに日本の植民地支配からの解放をもたらしたが，それですぐに人びとが自由を取り戻したというわけではない。台湾では1947年に二・二八事件が，韓国では1948年に済州島四・三事件が起き，独裁政権下の不自由な生活が強いられた。こうした状況に変化が生じるのは1970－80年代だった。1979年の台湾の美麗島事件，1980年の韓国の光州事件は政府の独裁に風穴を開けた重要な事件だが，リーダー達の中に教会関係者が多く，キリスト教ネットワークを通じ国外に伝えにくかった現地の情報を伝えるなど，いずれも重要な役割を果たした。その後も民主派とキリスト教は友好的な関係を維持し，2014年の台湾ひまわり学生運動，香港の雨傘運動，2016年の韓国のろうそく革命のような2010年代の東アジアの各地で発生した大規模なデモにもキリスト教が関与している。

　母語で安心しておしゃべりをし，看取られること，政府の方針を気にせず自由に発言できること等はいうまでもなく，とても大切なことだ。以前は，植民地化に加担し，その大切なものを奪ってきたキリスト教が，戦後はそれを取り戻すことに貢献した。（もちろんキリスト教は今なお支配者の宗教という側面が維持されていて，問題を抱えているが）キリスト教＝欧米という先入観からはこの東アジアのダイナミックな動きには気が付きにくい。求められているのはフィールドという場所にあるものを自らの先入観でその価値を取捨選択することをやめ，そこに暮らす人びとに寄り添いながら共に考えていくという姿勢なのだろう。　　　　　（藤野陽平）

15. イスラーム（ハラール）
国内に出回っているハラールフードから日本のイスラーム教徒について考えてみよう

> **アクティビティ**
> 1) 東南アジア, 南アジア系等の食品を売る店や料理店, 外国人客がよく訪れる観光地のホテル, 空港のレストランや土産物店などでハラールフードを探してみよう.
> 2) 在日または滞日のイスラーム教徒に, 日常生活で困っていることや配慮していることは何か, 必要な食材はどこでどのように入手しているか聞いてみよう.
> 3) 食品以外に, 世界ではどのようなハラール商品が登場しているか調べてみよう.
>
> **キーワード**：六信五行, 生活様式, シャリーア, ハラール, ハラーム, 食の安全, トレーサビリティ, グローバル化

　イスラームは唯一神（アッラー）を信仰する世界宗教だが, 信者には内面的な信仰と行動実践（**六信五行**（六信は神, 天使, 聖典, 預言者, 来世, 定命（神の定めた運命）を信じること, 五行は信仰告白, 礼拝, 喜捨, 断食, 巡礼を実践すること））が同時に求められ, 宗教生活と日常生活は不可分である。つまり, それはわたしたちの考える宗教の枠組みを超え, ムスリム（＝イスラーム教徒）の**生活様式**, 生き方全般を方向づけるものである。アッラーの言葉を記した聖典クルアーン（コーラン）や預言者ムハンマドの言行録（ハディース）などを重要な基盤とした**シャリーア**（イスラーム法）は, その生き方を導く指針と規範の体系だ。食は日常生活の根幹をなすが, ここでは日本でも近年見聞することの多くなったハラール食品を手掛かりにイスラーム理解を試みたい。

図1　日本に輸入された ハラール鶏肉

図2　ハラール食材店の 国産ハラール牛肉

ハラール／ハラームとは

　イスラームでは, **ハラール**（*halal*）とは「神が許したもの（こと）」を, その反対に**ハラーム**（*haram*）は「神が禁じたもの（こと）」を意味する。食の禁忌の対象としては豚や酒がよく知られているが, それ以外にもイスラームで定めた屠畜法に従って屠畜されていない牛, 山羊, 羊, 鶏などもハラームになる。血や死肉などもハラームだ。ハラールかハラームか判断に迷う「疑わしきもの」はシュブハとされ, 避けるべきとされる。現代の加工食品などは複雑な生産工程で多様な食材や添加物が使用されるため, ハラームな食材が入ることも少なくない。ムスリムにとっての**食の安全**を確保するために商品をハラール認証してロゴ表示する制度が21世紀に入って世界規模で普及している。ハラール認証においては食品の成分にハラーム物質が入っていないか, 科学分析とシャリーアの専門家による判定を組み合わせて行うのが主流である。

ハラール食材をどのように得るか

　認証制度はせいぜい過去数十年程度の歴史を持つにすぎないが, ムスリムの歴史ははるかに長く, ハラール食は認証制度とは必ずしも関わりなく存在してきた。要するに生活者としての

ムスリムは，実際は在日・滞日ムス
リムも含めて，ハラール食材につい
ては，ムスリム同胞や信頼できる知
人を通じて情報入手し，ハラール食
材を扱う店，あるいは最近ではネッ
ト販売などを通じて調達することも
多い。そのハラール食材には国内外
のさまざまな認証団体によってハ
ラール認証されたものもあるだろう
し，認証されていないものもあり得
る。身近なモスクにハラール食材が
保管され，その在庫から必要な食材

図3　日本企業試作のハラール食品試食会

を購入調達するケースもある。ムスリムが自身で屠畜した鶏の肉を同胞に分けることもあるだ
ろう。日本国内でハラール食材を入手する経路は限定されるが，このようにして食材はなんと
か調達する。

　しかし，外食する場合や学校給食，病院食などで使われる食材がハラームであることが少な
くなく，特に給食については最近では多文化共生の課題となっている。また，外食の場合，た
とえ料理はハラールであっても同時に酒も提供する店はハラールとは認めず利用しないムスリ
ムもいる一方，さほど気にしないムスリムもいるので，さまざまなムスリムの考え方を確認す
るとよい。

ハラール認証食品の現状と課題

　近年は訪日ムスリム観光客などを想定して日本企業が開発しハラール認証を取得した食品
や，ハラールメニューを提供する料理店も増えている。また，ムスリムは世界人口の4分の1
近くを占めるため有望な巨大市場であるととらえて，企業が海外市場開拓を目指してハラール
食品を開発し認証取得するケースも増えている。ただし，ハラール認証がとれていればイスラー
ム圏のどこにでも輸出できるという単純な話ではなく，相手国の承認するハラール認証機関を
通じたものでないと受容されないという国々もあるので注意が必要である。また世界のムスリ
ムは同じイスラーム教徒であっても生活慣習は極めて多様であり，食の慣習や嗜好も地域的に
異なるので，このことを十分考慮して商品開発，市場開拓するのが肝要である。

グローバル化とハラール

　認証制度では生産から消費までの全過程でハラール性が求められるのが一般的である。それ
は食の安全や質を確保するために食品の**トレーサビリティ**を重視する現代消費社会のニーズに
も適合する。また多民族・多宗教社会や国際貿易で流通する食品では，ハラールのロゴがあれ
ばムスリム消費者に飲食可能な商品であるということがわかりやすい標識にはなる。実際，ハ
ラール認証は**グローバル化**に呼応して制度化されてきた側面が大きい。グローバル展開してい
る著名なファストフードの多国籍企業もイスラーム圏では各地でハラール認証をとるなど，同
じファストフード製品でも提供している食品には地域差が現れている。食のグローバル化と
ローカル化の問題を考える上でもハラールは興味深い素材を提供してくれる。　　　（富沢壽勇）

16. 仏　教

持続可能な宗教界はどうあるべきか

　宗教は，人びとに幸福を追い求める力を与え，救いをもたらすものである．しかし現実の宗教は，特定の人びとを救いから排除する狭い解釈や抑圧的な構造を抱えこんでしまっている．これは，宗教が男女の違いを差別に転化するとき，顕著に表れる．宗教を**ジェンダー**の視点から問いただすと，そこには何が見えてくるだろうか．

宗教とジェンダーの関係

　宗教には儀礼や教義や象徴を通してジェンダーを作り上げる力がある．宗教は神や仏という人間を超えた存在の名のもとに，そのようなジェンダーの規範に権威や正統性をあたえてきた．つまり宗教は，性別にかかわる違いを固定化し序列関係を作り出すことによって，差別の形成と現状維持の役目をはたしてきた側面を持つ．多くの宗教伝統は，女性を男性より劣った罪深い存在とみなしている．そのため，女性は男性の聖性や修行への脅威や妨げであるととらえられ，儀礼や聖地から遠ざけられてきた．また，女性は個人の宗教的資質や信仰の深さを考慮されることなく，聖職者になれない，あるいは教団の要職に就けないなど，宗教的活動を制限されてきた．例えば，多くの**仏教**教団では，女性は貫主や門主と呼ばれる教団のトップに就くことはできないばかりか，男性と同等に修行をすることも許されていない場合がある．このように文化的影響力を持つ宗教は，思想と制度の両方で女性を劣位に位置づけてきたように思える．

　宗教は，ジェンダーに関する望ましいメッセージを社会に送っているといえるだろうか？　さらに，社会貢献活動で活躍しメディアで注目を集める僧侶のほとんどは男性である．わたしたちは，ジェンダーのステレオタイプに基づいて，無意識のうちに，**キリスト教**の牧師や神道の神主や寺院の住職はみな男性であると思い込んでいないだろうか？

図1　在日ミャンマー人のために仏塔を建立した日蓮宗の女性僧侶

宗教と SDGs

　持続可能な開発のための目標である **SDGs** は，貧困や環境問題などの 17 の目標の 5 番目に，ジェンダー平等の達成を掲げている．SDGs の「誰一人取り残さない」という理念は，すべての人びとの救済を願う宗教の理想と確かに合致するため，近年，各宗教教団は，SDGs への取り組みを重要課題に位置づけ推進している．例えば，伝統仏教教団諸宗派の連合体である全日本仏教会（www.jbf.ne.jp）は，衆生を平等に救う仏教の慈悲の精神は SDGs と共鳴するとしている．

　しかし，ジェンダー平等は SDGs の全分野の要となる概念であるにもかかわらず，宗教界にはジェンダーの問題が山積し，各教団のジェンダー平等の施策は一般社会に後れを取っている．日本の男女

平等度（ジェンダーギャップ指数）は女性の政治参加の低さにより世界で 120 位と低迷しているが，日本の主たる仏教教団 10 宗派でも，国会にあたる宗議会という意思決定の場に女性僧侶の数は極めて少なく，わずか 2％程度であるという。有権者の半数以上が女性であるのと同様に信徒の半数以上は女性であるが，執行機関には女性の声が反映されていないのである。宗教界でも女性が参画できる環境の整備と男性主導の仕組みの転換は不可欠である。宗教と SDGs は親和性があると主張する前に，SDGs の要であるジェンダーの視点から宗教界を問い直すべきであろう。

図 2　聖公会の女性の司祭

宗教界のジェンダー平等運動

宗教界にもジェンダー平等運動が存在することは，実はあまり知られていない。1985 年には，女性差別撤廃条約が批准され男女雇用機会均等法が成立したが，それに続くかのように，宗教界でも性差別的な教団の改革を目的とする運動が立ち上がった。主に，仏教とキリスト教の伝統教団で，女性参画の場を増やし，従来の男性中心主義的な教義理解の是正を目ざすネットワークが形成された。

この意識の高まりは，それまで女性には閉ざされていた聖職である司祭や寺院住職への道をも開いた。真宗大谷派では，住職は男性継承が原則であり女性の住職は存在しなかったが，女性たちの異議申し立ての結果，1991 年に性別の制限は撤廃され翌年に女性の住職が誕生した。また，キリスト教の日本聖公会は，カトリックと同様に女性の司祭を認めてこなかった。しかし，法規の改正を求める教会改革運動が実を結び，1998 年に初めて女性の司祭が誕生し，その後もジェンダー問題を是正するためのプロジェクト活動が続いている。

しかし，教団のジェンダー平等に関する問題意識には温度差がある。性差別問題に特化した「女性室」を 1996 年に開設した真宗大谷派のように積極的な取り組みを続ける教団もある一方，禅宗系の教団では，女性活躍への熱意は低い。一般に，女性僧侶の議員が少数でもいる教団（日蓮宗や浄土宗）では，女性僧侶の数は微増し女性僧侶間の連携も活発である。女性宗教者の教団別の人数を『宗教年鑑』（https://www.bunka.go.jp/tokei_hakusho_shuppan/hakusho_nenjihokokusho/shukyo_nenkan/pdf/r03nenkan.pdf）を参照して比較すると興味深い。

持続可能な宗教への展望

國學院大學日本文化研究所の第 13 回学生宗教意識調査報告書（https://www.kokugakuin.ac.jp/assets/uploads/2021/04/CSATRS2020-full.pdf）を見ると，女性が聖地に立ち入ることを禁じるなどの宗教的な性差別の慣習に対する大学生の批判意識が，近年は高まっていることがわかる。宗教界の性差別的な制度や教えに関して，それは伝統文化だから変えられない，という理由付けが正当化の根拠に使われることが多いが，ジェンダー不平等の現状維持は，次世代への問題の先送りでしかない。それと同時に，男性の後継者が不足しているから女性を，という代替案だけでなく，より積極的な女性宗教者の役割モデルが増えていくことが望まれる。

宗教の組織力は強大である。宗教は，特定のジェンダーの人びとを無力化するものであってはならない。日本の宗教が持続可能になるにはジェンダーの視点からの再検討が必要であり，ジェンダー平等に敏感な宗教は，SDGs の達成を保障する積極的な要因となりえるであろう。

（川橋範子）

17．多様な宗教の共生と衝突

多様な宗教の共生と衝突はどのように捉えられるだろうか

> **アクティビティ**
> 　1）多様な宗教の共生と衝突を捉えるには，どのような視点が必要だろうか．
> 　2）宗教間の衝突には，どのような問題や背景が関わっているだろうか．
> 　3）本章をもとに，パレスチナなどの他地域の問題についても考えてみよう．
> **キーワード**：ムスリム，スンナ派，シーア派，ヒンドゥー教，非政府組織（NGO），ロヒンギャ，ジハード

　近代化とともに世俗化が進行すると考えられていた時代は終わり，現代は宗教が争点となったポスト世俗化時代とも言われる．ここでは宗教が持つ多様な側面から，わたしたちが一般的に考える「宗教」概念を相対化し，多様な宗教の人びとの共生と衝突について考えてみよう．

生きられる宗教のダイナミクス

　インドやバングラデシュの各地には，聖者の墓が祀られた聖者廟が点在している．わたしがフィールドとするバングラデシュの村の聖者廟には，**ムスリム**（イスラーム教徒）が参拝する廟とは別に，ヒンドゥー教徒用の廟も建てられていた．また，**スンナ派**のイスラーム教徒が，**シーア派**や**ヒンドゥー教**の祭典に参加することも珍しくなかった．これらの国々の一帯は，ヒンドゥー教，シーア派，スンナ派に軸足を置いたスーフィズム（霊性や内面を重視するイスラーム教の思想や運動）が相互に浸透したような宗教が息づいてきた歴史を持つ．日本の「神仏習合」のように，他のアジアやアフリカの国々でも，宗教の垣根を超えた信仰や実践が見られる．こうした信仰や実践は，地域において多様な宗教が共存してきた歴史を物語っている．また，それと同時に，わたしたちが当たり前に思っている「宗教」の概念，つまり，他の宗教とは相容れない確固とした信仰と教義，実践の体系を持つものという考え方を覆す．人びとによって生きられる宗教は，時代や自然・社会環境と分かちがたく結びついたダイナミクスを持つ．教義が他の宗教との関係を規定する場合もあるが，多様な宗教の共生と衝突は，表面的な教義上の対立や実践の相違だけでなく，このようなダイナミクスの中で捉える必要がある．

　さらに，宗教は公的領域や世俗領域から切り離された個人の内面の信仰である場合もあるし，そのような領域にとどまらず，人びとを結びつける共同性や社会の福祉に資する公共性の源であったり，生活を統べる法や慣習であったりもする．政治や司法を含む社会における宗教の位置づけは各宗教によっても，各国・地域の法律によっても，またローカルな慣習や個人的な宗教観によっても異なっている．フランスの法律がイスラーム教の女性のヴェールを禁止した事例のように，多様な宗教の共生や衝突には，このような宗教の位置づけをめぐる問題も深く関わっている．

他者への慈悲を喚起する宗教

　中村元が宗教の本質を他者への慈悲だと述べるように，宗教は他者への慈悲を基盤とした社会的秩序を生み出す源泉となる．宗教的な動機に基づく慈善団体や**非政府組織（NGO）**が社会福祉や開発援助に貢献してきたことはよく知られているが，ここではわたしがバングラデシュの村で見てきた物乞いと施しの慣行を例として考えてみよう（図1）．

　物乞いは市場の一画に座ったり，家々を回ったりして施しを集め，人びとは物乞いがどの宗

教やカーストに属するかにかかわらず，施しを与えていた。その一方で，障がいを持つ物乞いは施しを与えられるだけでなく，バスなどの運賃や市場の場所代を免除されていた。このような物乞いに対する態度と施しの慣行は，政府による社会保障が実質的にないに等しい中で，経済的・社会的弱者の生存と生活を支えていた。

図1　屋敷地の入り口で施しを待つ物乞い

　南アジアの人びとは物乞いに対して比較的寛容である。それは，貧者への施しを善行とし，善行を積むことがヒンドゥー教では来世でのよりよい転生をもたらし，イスラーム教ではアッラーからの報償として天国に入ることにつながるという，宗教的教義によるところが大きいと言われる。実際にわたしがバングラデシュの村の人たちに施しをする理由を尋ねたときには，ほとんどの人が「アッラーの御心を満たすため」と話した。他方で，バングラデシュでは一般に，物乞いに乞われたときに何も与えられないときは「ゆるしてください」と謝る慣習がある。わたしに「このクニでは物乞いに施すのは当然のことだ」と話してくれた人たちは，この慣習のことをよく引き合いに出した。物乞いに対する施しは，宗教的な動機に基づく個々人の集合的実践であるとともに，それを越えた道徳的な社会的秩序となっていると言えよう。

属性化した宗教と濫用される教義

　ともすれば，宗教間の衝突は「時代遅れの」人びととの間で起こる古くさい「伝統」の弊害だと思われる。しかし，宗教間の衝突は植民地支配や独立闘争などの歴史や，政治経済的な利害関係が背景にあることがよく指摘されるように，国民国家の再編やグローバル化に伴って起こる近代的，現代的な現象である。こうした歴史的経緯や関係性の中で，宗教は性別や人種などと同様に，人の本質を表す属性と見なされやすい。つまり，ある人がどのような信仰やアイデンティティを持っていようが，宗教的義務を行っていようがいまいが，一義的に特定の宗教に属するということによって，本質的かつ排他的に他の宗教の人びととは異なる存在とされてしまうのである。例えば，パキスタンの初代総督であるジンナーは，ヒンドゥー教徒とイスラーム教徒を本質的に異なる民族とする「二民族論」を提唱し，旧ユーゴスラヴィア共産主義政権下のボスニアでは，正教徒のセルビア人，カトリック教徒のクロアチア人と区別されたモスレム（ムスリム）人という民族概念が見られた。これらは冒頭で述べた動態的な生きられる宗教とは対照的に，固定的な属性として思考された宗教と言えよう。

　属性化した宗教に基づく暴力は，しばしば暴力を行使する側，または行使される側の宗教的教義の濫用によって正当化される。例えば，ミャンマーの**ロヒンギャ**をめぐる問題では，一部の僧侶による「仏教の戒律を守らない者の命は人間の命の半分しかない」といった説法やムスリムを「**ジハード**によって国家転覆を企図するテロリスト」とする表象が，ロヒンギャへの暴力を正当化している。これらの言説は，人びとの対立をめぐる複雑な問題を宗教的な問題に還元し，イギリスによる植民地化以前からの歴史的経緯や，軍事独裁政権下に制度化された差別と暴力を見えづらくする。多様な宗教の共生と衝突を考えるには，宗教が持つ多様な側面とともに，宗教にまつわる言説が覆い隠す現実にも注意を向けることが肝要である。　　（杉江あい）

18．宗教とスポーツ

ハカの儀式と精神はラグビーとどのように結びついているのだろうか

アクティビティ
1) スポーツにはなぜ儀礼的イベントが伴うのであろうか．
2) ニュージーランドのオリジナルのハカとスポーツの試合前に使われるハカの違いは何だろうか．
3) スポーツにはどのような精神性や儀式が関わっているだろうか．他のスポーツから例を探してみよう．

キーワード：ワールドカップ，宗教，ニュージーランド，先住民（族），オセアニア，フィジー，キリスト教，ナショナリズム

　2019 年に開催されたラグビー**ワールドカップ**は，ラグビーの面白さをひろく喧伝したのではないだろうか。試合前のハカのイベントは，とりわけ観客や視聴者の目を引いたことであろう。相手チームを圧倒するかのようなパフォーマンスは，勇壮で儀礼的な所作とあいまって強く視聴者の印象に残ったはずである。ここではこのハカの起源と他の地域への広がりをみながら，ラグビーというスポーツになぜこうした儀礼的なイベントが伴うようになったのか，スポーツと**宗教**や精神性との関係についてみていきたい。

ハカの起源とニュージーランドの先住民

　ハカの起源をたどると**ニュージーランド**の**先住民**マオリに行き着く。マオリのあいだにはハカの起源神話があり，それによると太陽神の息子が踊りを産みだしたとされる。ハカはマオリ語で踊り一般を意味しているのだ。マオリの様々な伝説のなかでハカは登場している。いまでこそ，勇壮な戦いの舞というイメージが流布しているが，それはあまたあるハカの一部に過ぎないわけである（図 1）。

図 1　舞踊団「ナ・ホウ・エ・ファ」による，ニュージーランドマオリのハカの一種カパハカ（国立民族学博物館）

図 2　マッセイ首相にハカを披露するマオリの兵士（出典：Archives New Zealand）

　現在もっとも知名度が高いハカの代名詞ともいえるのは，ニュージーランド・ラグビーのナショナルチーム・オールブラックスによるハカであろう。ハカをニュージーランド先住民の伝統的な精神文化に連なるものと捉えるのは間違っていない。しかしラグビーで上演されるこのハカは，カ・マテと呼ばれる特定のクランに属するものであることは注意を要する。もともと敵対するクランと戦争を行っていたある首長が，戦いを逃れて生還した際に作られた舞踏なのだ。カ・マテとはマオリ語で「わたしは死ぬであろう」という意味である。

　勇壮な印象は，近代的な戦争やスポーツの文脈においてハカが重用されることと無縁でなかろう。実際，古くは南アフリカにおけるボーア戦争（1899 － 1902）において，ニュージーランド兵がハカを行っていたという指摘もある。先住民マオリは，第一次世界大戦のガリポリの戦いに参加してカ・マテを舞っていた（図 2）。

　スポーツにおいては，1888 年にニュージーランド・チームがラグビーマッチのイギリス遠征に赴いた際に，

ハカが舞われたと記録される。カ・マテとなると，1905年のオールブラックスのイギリスツアーが嚆矢とされる。興味深いのはこの試合に際して，敵対チームはハカに対抗して出身地のウェールズ国歌を斉唱したという。国際試合において開催前に国家斉唱を行うことのはじまりとなったとされることもある。

図3　オーストラリアアボリジニの舞踏とマオリのハカ（撮影者：NAPARAZZI）

　ただし現在流布しているこうしたハカに，争いを結びつけるイメージを批判するマオリ研究者もいる。上述したように争いと関わるのはハカのなかでも一部であるし，カ・マテでさえ武器を伴う舞踏とは別に分類されているからである。

世界に流用されるハカ的な舞踏

　ニュージーランドという一地域のローカルな文化と密接な関係をもっていたハカは，いまではラグビーを通じて**オセアニア**を中核としながら世界中で使われるようになってきている。例えばトンガ，サモア，**フィジー**では，それぞれシピ・タウ，シヴァ・タウ，ジンビと呼ばれる試合前の舞踏があり，国際試合のテレビ放送などを通じて日本でも比較的目にしやすい。オセアニア内外の国や地域のなかにも，いまでは独自の舞踏があるのである（図3）。

　こうしたスポーツの試合前に行われるハカ的舞踏には，どういった意味があるのだろうか。当然のことながらハカの起源に関する神話や，カ・マテと関わる特定のクランに伝承される争いの語りは，ハカ的舞踏には関係しない。

スポーツの精神性を担う

　それでは現在の世界に広がるハカ的な舞踏に，精神性はまったく関与しないのだろうか。この際，参考となるのは，先に紹介したウェールズがハカに対抗して国歌を斉唱した反応であろう。チームのメンバーが一体となって国歌を斉唱するように，選手の士気（チームスピリッツ）を高め，場合によっては観衆の感情（ナショナルスピリッツなど）を動員するという意味で，世界に広がったハカは，精神性と関わっているのである。

　このように整理すると興味深いエピソードがフィジーにある。フィジー式ハカのあるべき姿については，いまでも議論がつきていないのだ。筆者がフィジーに滞在していたときにも，先住系の文化的な意義として戦勝を祝う踊りをスポーツの試合前に行うことの妥当性が人びとのあいだで議論されていたことがある。文化的な舞踏でなく聖書や賛美歌の一節を口ずさむべきという論者さえいる。宗派のちがいこそあれ，ほとんどが**キリスト教**の信者である先住系フィジー人にとって，スポーツの文脈でも，宗教的な祈りを行うことは自然なことなのである。

　スポーツに熱狂する人びとのなかに**ナショナリズム**的な感情を見いだす議論は，人口に膾炙している。親族集団の範囲をこえた連帯を形成し，見知らぬ他人のために命を賭けるナショナリズムと宗教的感情との親和性もつとに指摘されてきたことである。その意味で，いまでは国際的なスポーツの開始前のイベントとして定着しているハカ的舞踏においてさえ，精神的な紐帯の一種を見いだすことは必ずしも奇異なことではないといえよう。人びとを鼓舞したり，特定の方向に人の感情を導くかたちで使われている以上，宗教あるいは広い意味での精神性が依然として結びついているのは必然的なことでさえあるのだ。　　　　　　　　　　　（丹羽典生）

19. 民族と文化

民族が成立するための条件とはなんだろうか

> **アクティビティ**
> 1) 第二次世界大戦での敗戦を契機に，日本における「民族」という言葉の位置づけがどのように変わったかについて考えてみよう．
> 2) リス人の間で民族的な帰属の変更が容認されやすい理由について，文化との関連で考えてみよう．
>
> **キーワード**：民族，文化，アイデンティティ，民族衣装，多民族国家，ナショナリズム，民族紛争

　民族とは，くっきりとした輪郭をもって浮かび上がることもあれば，その境界がぼやけ，そこに属しているとされる当事者ですら意識しない，ぼんやりとしたものになることもある捉え方の難しいものである．ウクライナ危機にあっては，歴史的に同じルーツを持つ「兄弟民族」とみなされることもあるウクライナ人とロシア人とが「異なる民族」として扱われる局面が多く，両者の対立の構図が強く強調された．翻って日本では，民族と言えば先住民族や少数民族を指すものであるという認識か強く，学問的にはエスニック・ジャパニーズとも呼ばれることのあるマジョリティの日本人が自らを民族として意識することはあまりない．これにけまず，第二次世界大戦での敗戦を含む歴史的な背景が大きく関係している．また多くの日本人が，同じ言語を話し，近似した外見を持ち，知らず知らずのうちに**文化**的な間合いを共有している隣人の間に埋もれるなか，周囲の他者との民族的な差異を意識する機会や必要性が他国に比べて相対的に少ないことも指摘できる．ここでは，民族を民族として成立させる指標の1つとしての「文化」を取り上げ，民族と文化との関係性について考えてみたい．

民族とは何か

　普遍的な民族の定義など存在しないが，話を複雑にし過ぎないため，ここではまずは民族を「文化を基礎とした横のつながりの感覚と，血縁を基礎とした縦のつながりの感覚のもとで，一定の名称と**アイデンティティ**を共有する人びと」と規定しておく．「感覚」という曖昧な表現を使ったのは，文化も血縁も非常に重要な指標ではあっても，民族を定義するうえでの絶対的なものにはなり得ないからである．文化については，幼少期に他国へ移住したために自民族の言葉も話さず文化的慣習も受け継いでいないものの，従来の民族的なアイデンティティを失っていない人物のケースを考えれば十分であろう．血縁も絶対的なものではない．例えばイスラエルの帰還法（1970年改訂第2号）は，ユダヤ人を「ユダヤ人の母から生まれ，あるいはユダヤ教徒に改宗した者で，他の宗教の成員ではない者」（第4条B）としている．すなわち，ユダヤ人の血を受け継いでいない者でも，少なくとも理論上はユダヤ教に改宗しさえすればユダヤ人になりうる．実際には，出自上の非ユダヤ人がイスラエルでユダヤ人として受け入れられるのは簡単なことではないが，法的にその道がひらけていること自体は注目に値する．また，人類学者らのフィールドワークを通じては，特定個人が出生後に儀礼的手続きなどを経て民族的な帰属を変えるケースも少なからず報告されている．タイ北部の少数民族の例を見てみよう．

「リスになる」ということ

　タイの北部山地には，独自の言語，慣習，**民族衣装**などを維持している多くの少数民族が暮らしている．その数は優に20を超えるが，政府に山地民として公的に認定を受けているのは10民族であり，リス人もその1つにあたる．かつては焼畑を行いながら山中を移動する人び

とが多かったが，現在では大半が
定住村に住み，高等教育を受ける
若者たちの数も増えている。人口
は5万人強と多くないが，極彩色
をあしらった華やかな民族衣装と
際立った特色を持つ伝統芸能は人
目を惹くに十分で，山地民全体の
なかでも独特な存在感を醸し出し
ている。

図1　民族衣装を身にまとったリスの少年少女たち

　わたしは，1990年代の初めご
ろからおよそ30年以上に亘って，
調査者やプロジェクトチームのメ
ンバーとして，あるいは友人とし
てタイのリスの人びとと関わってきた。今でこそまったく動じなくなったが，かれらのコミュ
ニティに入り始めた当初，最も驚いたことの1つが村人たちの出自的な背景が実にバラバラ
だったことである。皆一様にリスの民族衣装をまとい，リス語を流暢に話し，リスの儀礼に日々
いそしんでいるにもかかわらず，よくよく聞くと，"純粋な"リスと呼べる者など皆無に等し
いことがわかった。母方と父方の両祖父母がリスである者などまずはおらず，ほとんどの村人
が，濃淡を少しずつ違えながらも漢人，ラフ人，アカ人，タイヤイ人などの血を引いている。
長い時間をかけて最終的にわたしが理解したのは，「リスであること」とは，リス人の血を引
いているかどうかにかかわらず，リス的な生き様－あるいは文化－を深い次元で体現し，それ
が周囲にも受けいれられているかどうかということであった。
　これまで見聞きしたなかでもっとも興味深かったのは，隣接して住む民族の1つであるアカ
人の兄弟が，長年リス人の村に住むうちに儀礼を経てリス人になったという事例である。ある
日，兄弟の兄の方が，アカ人は頻繁に食べるがリス人は通常口にしないある動物の肉を食べた
直後に重い病を患った。リス人のシャーマン（霊媒）を呼んできてリスの祖霊の降霊を通じて
原因を探ったところ，「汚らわしい肉を食べたからである。これを機に慎み，リスの祖霊を祀っ
て生きていくがよい」という託宣が下った。同兄弟は，儀礼の際にシャーマンが用いたリス式
の祖先祭祀の棚を家屋内に設置したままにし，その日以降リス人として生きていくことを決意
した。ただし，兄弟の母親はアカ人としてのアイデンティティを捨てることはついぞなく，終
生アカ語を話し，アカの民族衣装を着続けた。

文化復興の政治性
　現在，世界各地の民族において文化復興や文化振興の動きが活発化している。多民族国家に
おいて均質的な国民文化が浸透していく過程は，それぞれの民族文化を希薄化することもある
が，それと同じぐらい，民族文化を立て直し，新たな結束の礎にしようという動きを誘発しも
する。ただし，そうした流れが国境を越えた民族的一体感の醸成を促すとき，それは特定の支
配的民族が実権を持つ政府から分離運動（民族ナショナリズム）として強く警戒され，民族紛
争の種を生み出すこともある。民族にとっての文化とは，安心と安全の基盤であると同時に，
常に一定の政治性を帯びるものでもある。
　　　　　　　　　　　　　　　　　　　　　　　　　　　　　　　　　　　　（綾部真雄）

20．民族と言語
異なる民族や文化を理解する上で，言語はどのような役割を果たすのだろうか

> **アクティビティ**
> 1）もしもあなたが文法の記述されていない言語を話す人びとに接触しその言語の辞書を作成することになったとしたら，まずはどのような作業から着手するか考えてみよう．
> 2）明治期以降，外来の文化や概念をあらわすために作られた日本語の単語を挙げ，その訳語が採用された理由を調べ原語と比較してみよう．
> **キーワード**：民族，言語，大航海時代，先住民（族），植民地，キリスト教

「世界にはさまざまな**民族**が暮らし，そのそれぞれが異なる**言語**を話している」という考え方に，ほとんどの人は違和感を覚えないかもしれない。今日では当たり前となっている「他民族や異文化を理解するためにはそれぞれの言語を学ぶことが必要」という発想のベースにも，この考え方がある。しかしこの背後に「1つの民族に1つの言語」というイメージがあるのだとすれば，それは民族と言語をめぐる実態とは大きくかけ離れたものである。現実には「A民族はA語を話し，B民族はB語を話す」という状況よりはるかに複雑な事例が多々あり，そもそもそれぞれの「民族」や「言語」の境界がどこにあるのかを見定めることも困難である。さらに言えば，世界に民族と言語が「複数ある」とする考え方自体が昔から当たり前だったわけではない。**大航海時代**以降のアメリカ大陸での言葉のやりとりから見てみよう。

コロンブスとアラビアマイル
1492年のアメリカ大陸「発見」で知られるクリストファー・コロンブスは，多言語話者だったと言われている。諸説あるが書き言葉として用いたスペイン語のほか，話し言葉としてジェノヴァ語やポルトガル語，そして異なる第一言語をもつ地中海の船乗り同士が交易のために用いた特有の言語が使えた可能性が指摘されている。ならば彼こそ異文化理解の達人だったのではないかと考えたくもなるが，実は彼については不思議なエピソードが多数伝えられている。

そもそもコロンブスが「発見」に至る最初の航海を決意したきっかけは，ある重大な事実誤認だったことが知られている。彼は9世紀のイスラームの天文学者アルフラガヌスの試算にもとづき，よりはやくアジアへ到着するためには西へ進めばよいと考えた。しかしアルフラガヌスの試算はアラビア式のマイル表記で書かれており，それは自身が慣れ親しんだローマ式のマイルとは別の単位であることにコロンブスは気づかなかったのである。こうして実際よりも少ない距離を見積もって始めた旅の結果，彼はアジアではなくアメリカ大陸を見出すことになる。

今日では周知の通り，距離や重さなどの単位はある特定の空間的・時間的範囲内での約束事であり，所変われば別の単位が使われている。コロンブスに関して言えば，単位だけでなく「世界には異なる複数の言語が存在する」という発想にもなじみがなかったと言われている。

言語と世界は1つという思想
コロンブスがアメリカの**先住民**と出会ったとき，その人びとが自分とは異なる言語を話しているとは考えなかった。彼は耳なじみのない現地語の響きの中に既知の単語が聞こえたと主張し，人びとの話の内容を理解したと随所で述べる。やがて現地語に「首長」という単語があることを認めるようになったかと思えば，それがスペイン語の「王」や「総督」などのうちどの身分に一致するのかを知りたがった。つまりコロンブスにとって言語というものは1つでなけ

ればならず，相手が同じ言語を話していないならそれはそもそも言語ではなかった。彼は現地の住民を，「言葉を話せるようにするために」スペイン国王のもとへ連れ帰るとさえ述べる。

図1　コロンブス
出典：Wikimedia Commons

コロンブスが「多言語話者」だったことを思えば，彼のこの態度は不思議に感じられるかもしれない。しかしこれを不思議だと思うのは，「世界には複数の異なる言語が存在し，そのそれぞれが同じものを別の仕方で表現している」という実は長い歴史の中で確立してきた考え方に読者がすっかり馴染んでいるからである。しかしコロンブスにとっては，世界と言語は一体となって単一の全体を構成していると考えることと，現実に複数の言語を操ることは，何ら矛盾するものではなかった。

スペイン領アメリカ植民地の諸言語

とはいえ，コロンブス流の言語観がいつまでも通用するはずはない。アメリカ大陸の植民地化を進めた人びとは，現地には現地の言語の体系があると認めた上で統治を進めた。特に現地住民のキリスト教化が公式の植民地事業となったスペイン領では，布教のために現地語をもちいることが決められ，それぞれの地域で話者の多い言語が布教のために選ばれた。もちろん，選ばれた言語のかげには選ばれなかった言語があること，その中には少数言語や文字とはみなされなかった記号体系－インカの記録媒体であるキープやメソアメリカの絵文字なども含む－も多数存在していたことを忘れるべきではない。

キリスト教概念の翻訳

さて，選ばれた言語をもちいて**キリスト教**の思想や概念を表現すべく，アメリカ大陸の各地ではスペイン語と現地語を比較し翻訳する試みが開始された。こうした翻訳の際には，唯一にして全能である神という存在をいかに伝えるかが各地で問題となる。その現地語に唯一神をあらわすことのできる在来の語彙は存在するのか，あるとすればそれはもともと何を指していたのか，キリスト教神学にとって容認しがたい含意はないかなどが精査された。

スペインの修道会イエズス会が王国の委嘱を受けてラプラタ地方に築いた先住民グアラニの布教区では，キリスト教の神を指すため「トゥパ」という語彙が採用された。その是非はしばしば論争の火種となり宣教現場に混乱を引き起こしたが，それはこの語の用法がひどく曖昧だったからである。トゥパは「神」的な存在を指すと同時に生身の人間である現地のシャーマンやイエズス会士を形容するために使われることもあったという。キリスト教の神が人間には決してたどり着くことのできない存在であるのに対し，トゥパはこの上ない精神的美徳を備えた存在一般を指し，究極的には人間もその地位に到達することができたのである。

とはいえ，こうした意味のずれがこの語を用いる人びとの間に分断をもたらしたと考えるのは早計である。トゥパという語をキリスト教の神に対して使う人びとは，そうすることで確かにキリスト教徒としての新たなアイデンティティを示すことができたと同時に，トゥパをキリスト教の神以外の存在に対して用いる布教区外の隣人との絆を保ち続けることもできたのである。

言語を共有しないまま他者を理解したとするコロンブスの主張と，言語の共有を達成しつつも残されたずれによって複数の結びつきを築きもした翻訳。アメリカ大陸に見るこの2つの事例は，言語を通じて他者と理解しあうことの複雑さを教えてくれている。　　　　（金子亜美）

21．先住民族と土地
先住民族にとっての土地とはどのような意味と重みを持つのだろうか

> **アクティビティ**
> 1) 「無主の地」という考えはなぜ生まれたのだろうか．
> 2) 先住民族の言語による地名が大切なのはなぜだろうか．
> 3) 多文化共生は誰の視点から考えれば良いだろうか．
>
> **キーワード**：先住民（族），アイヌ（民族），多民族社会，千島列島，樺太，植民地，狩猟，農耕

　2007年に**先住民族**の権利に関する国連宣言が採択され，2019年5月に施行された「アイヌ施策推進法」には，**アイヌ民族**が日本国内の先住民族であることが明記された．先住民族とは，国や地域によって歴史的背景や状況は一様ではないものの，伝統的にくらしてきた土地が異民族の国家によって同意を経ることなく取りこまれた状態にある人びとのことを指して用いられることが多い．世界各地には約3億人の先住民族がくらしているといわれる．

　非先住民族とは，自分たちの国を拡大し，他の民族とその土地を取りこんできた人びとのことで，民族的なマジョリティにあたる．日本では，民族的マジョリティについて一般に普及した呼称がないが，北海道を中心として和人，沖縄を中心としてヤマトンチュが使われている．

　日本国は本州・四国・九州を中心に和人が国家を形成し，江戸時代には，北海道南端（現在の函館市周辺）には和人が定住していたが，アイヌ民族の居住地との境には関所が設けられ，和人もアイヌ民族も，そこを越えての定住は認められなかった．

　明治期に新政府が北海道と琉球，小笠原諸島を版図に加えたことで，それまでとは異なる**多民族社会**として歩みはじめた．その後，**千島（クリル）列島**や**樺太（サハリン）**，朝鮮半島，台湾などを**植民地**化し，1945年の敗戦とともにそれらを放棄した．アイヌ民族のほか，琉球の人びとについても先住民族と位置付けるよう国連から勧告を受けている．

先住民族にとって土地はどのようなものだろうか

　先住民族の土地利用は，地域や血縁集団による共用の方式を採ることが多かった．それぞれの土地には，先住民族の言語で地名がつけられている他，神話や様々な伝承があり，人びとの歴史観やアイデンティティを形作っている．

　土地との結びつきは呼称にも表れる．アイヌ民族は北海道をヤウンモシㇼ（陸の世界．レプンモシㇼ（沖にある世界＝海を隔てた異民族の世界）と対応する）と呼び，和人は北海道を蝦夷地（野蛮人の土地），本州以南を「内地」と呼んできた．小地名には，地形や採集・漁労・狩猟，あるいは儀礼を行う場所そのものや関連する伝承等が表されている．例としてイチャン（サケマスの産卵床）やハルウシ（食料（山菜）のある所），マシナウシ（カモメに祈る祭壇）などがある．沢や川を意味するナイやペッを含む地名は南樺太，千島から宮城県付近まで分布する．

　日本が領有する以前の北海道や樺太，千島では，アイヌ民族の土地利用慣行が守られており，集落の人びとは山林や河川流域，海浜を占有的に利用していた．**農耕**をする場合，集落の内部や周辺に区画を選定しイタッペと呼ぶ標識を立てた（図1参照）．このとき，すでに他の者が耕作を予定している場所であればその旨の申立てをすることができる．こうした土地は，1年ほど個人が使用し，その後は共有地に戻る．個人が永続的に土地を所有する西洋的な慣習とは異なり，日本の入会権に近い．

狩猟や漁労のテリトリーも，クマの穴（冬眠中のクマを狩る）や魚の産卵場（サケ，マスを獲るポイント）を個人が所有することもあったが，それほど厳密ではなかった。他地域で狩猟や採集を行うときは，あらかじめ謝礼を贈って許可を得るか，漁業権を買い取った。北海道北部名寄市にはタムタサナイ（刀と交換した沢）という川を，宝刀と交換に，隣接する地域に譲渡したという伝承がある。

イタㇰペ
（標識）
長さ約120cm
幅約60cm

北海道東部の十勝地方，中央部の空知地方，日高地方は互いに山脈を挟んで接する地域であり，同地域には通婚などの親密な交流や狩猟テリトリーを贈った伝承が残っている。

図1　耕地標識

土地にある資源も共有物とみなされ，独占を戒める教育がされたが，和人など周囲の民族との交易が重要度を増し，あるいは和人によって重いノルマが課されるなど外圧が高まると，土地や資源利用の排他性が高まることもあったと考えられている。

先住民族と非先住民族の和解はどのように可能だろうか

先住民族が利用してきた土地は，多くの場合植民地政府によって「無主の地」と見なされ，土地の分配を受けるのに入植者の言語を使う必要があるなど，入植者に有利な仕方で分配された。これによって，先住民族は生産の場や居住の自由が制限され，土地に結びついた歴史やアイデンティティが断絶の危機に直面した。

土地に関する権利の回復は，土地の返還や，土地・資源の管理に先住民族が参画する，それらの使用にあたって政府が先住民族に対価を支払うなど，様々な形で試みられてきた。法的な闘争としては，1992年6月3日のオーストラリアでのマボ判決（マボという男性を中心とするトレス海峡住民が起こした裁判での，先住民族の土地所有を認めた判決）が良く知られている。日本では，明治から昭和初期にかけて，アイヌ民族の土地や文化権侵害をめぐる抗議運動が展開されてきた。重要なものとして，北海道南部の平取町二風谷地区におけるダム建設を巡り，1997年3月27日に札幌地裁が下した判決がある。同判決は，アイヌ民族が自らの文化を享有する権利（文化享有権）を認め，ダムの建設によってこれが侵害されることから，建設に際しての土地収用裁決を違法とした。

国連先住民権利宣言には，先住民族語の地名を維持する権利も謳われている。アイヌ語地名については，河川名の表示板などにアイヌ語での地名解が記載される例がある。ただ，他のアイヌ語地名の維持や，地名改変の禁止といった議論には至っていない。

アイヌ施策推進法に基づく取り組みとして「共用林制度」が新たに整備されつつある。アイヌ民族の団体などが自然素材を用いて文化の維持を行う場合に，国有林での素材調達を一定のルールに基づいて認めるというものであるが，現時点ではごく小規模なものに留まる。

日本での取り組みは，文化振興の面が強調され，先住民族の自己決定権を回復するという視点での議論につながりにくい。日本の公的な歴史では，アイヌ民族の居住地を「フロンティア」と呼び，その統合を「開拓」と表現する。この言葉が，北海道などを「無主の地」であったとする前提に立つこと，それが和人本位の歴史観であることも正確に認識されてこなかった。他者の立場・視点を盛り込んだ多文化共生がどのように可能か，それぞれの立場から考えていく必要がある。

（北原モコットゥナㇱ）

22．民族と人種

人を身体形質や「文化」によって分類することは可能だろうか

> **アクティビティ**
> 1）世界のいろいろな地域に住む人たちの写真を探してみよう．その上でそれらの人たちを分類できるか試してみよう．
> 2）人種や民族がなぜ帝国主義やナショナリズムと関係しているのかを考えてみよう．
> 3）アイヌや在日コリアン，華人らにとってなぜ民族教育や「文化」の継承が大事なのかを考えてみよう．
> **キーワード**：人種，民族，ナショナリズム，ジェンダー，アメリカ合衆国，人種差別，アイデンティティ

　一般的には，「**人種**」は生物学的区分，「**民族**」は文化的区分と解釈されている．前者の例として「モンゴロイド」「白色人種」などがあり，「民族」といえば，日本ではアイヌや在日コリアンなどがよく知られている．しかし，そもそも身体形質や「文化」によって人を固定的な境界で分類することは可能なのだろうか．「人種」と「民族」は，多数派と少数派に同等の意味を持つのだろうか．これらの用語から，人の分類を考えてみたい．

「人種」「民族」の定義

　人種と民族について，最初に定義から入ろう．「人種」とは，世代から世代に遺伝する身体的な特質をもつとして社会的に創られた集団である．肌の色や頭型などの身体形質を基準とする生物学的分類だとするかつてのような考え方は，今日では否定されている．「民族」は，他集団との相互作用の中で生成され維持されてきた，言語や宗教，歴史，生活様式などの「文化」を旗印として，帰属意識を共有する人びとの集団である．今日的な意味での「民族」は，日清戦争勃発後に「日本民族」という表現で登場し，その優等性を論じる文脈で用いられた．「民族」という日本発の言葉は，中国，そして東南アジアの一部にも広まった．民族意識は，帝国主義やナショナリズムによって高揚されがちである．一方，今日では少数派集団のエンパワメントとなる場合もある．

「白色」から「黄色」へ

　日本人は「黄色人種」だと聞いたことがあるかもしれない．「日本人」の肌の色は本当に「黄色」で，「白人」の肌は本当に「白色」だろうか．興味深いことに，安土桃山時代に日本にいたスペイン・ポルトガルの宣教師がローマ法皇に送った報告書には，日本人の肌は白く，女性は美しい，とする数々の記述がある．一方，南蛮屏風を見てみると，日本人女性は，一行の中で最高位のカピタンよりも色白に描かれており，日本人男性は，武士らは色白に，使用人らは褐色に描かれている．つまり今日でいう人種ではなく，階級やジェンダーによって肌の色の違いが描き分けられていたのである．

　ところが幕末から明治初期にかけて，欧米の地理書や地理の教科書の翻訳を通して，日本に「人種の区分」として，白色人種を最高位に，黒色人種を最下位に，黄色人種などをその中間におく人種の序列

図1 コルタンブル（Eugène Cortambert）著『地球産物雑誌』堀川健斎訳（1872）に掲載された三人種の優劣（京都大学人文科学研究所所蔵）

化が導入された（図1）。脱亜入欧思想が謳歌されていた当時に無批判に受容した人種主義（「42 人種主義と反人種主義」参照）的なヒエラルキーを今日わたしたちは踏襲し続けているのである。

モートン・コレクションを訪ねて

　アメリカ合衆国の東海岸にあるペンシルベニア大学の考古学・人類学博物館に，サミュエル・ジョージ・モートン（1799 − 1851）が収集した千数百個に及ぶ世界最大級の頭蓋骨コレクションがある。実際に目にすると，書物にはない発見と驚きがあった。一瞥してその小ささに驚いた 50 個余の頭蓋骨は，西アフリカからの奴隷船から下船して数日以内に亡くなった青年たちのものだったという。他にも，額に「idiot」（「白痴」のような差別的意味）のラベルが貼られた精神障害者のもの，左目の上の骨がへこみ失明したと思われる人のもの，小さな穴が散見される梅毒患者のものなどがあった。頭蓋骨の主の多くは，おそらくは埋葬してくれる家族に恵まれなかったのだろう。ある時には 1 個から数個，別の時には 100 個以上に及んで入手したというモートンのサンプルは，収集方法がランダムだったことも一因となり，偏っていたのだ。

　それだけでなく，例えば黒人には女性が多く，白人には男性や北欧人が多く含められていた（一般に身長が高い方が脳の容量も大きくなる）。奴隷制擁護論者であったモートンは，黒人は元来知能が低く，白人の下で奴隷のままいる方が幸福だと考えていた。彼が人種間の優劣の根拠とした科学的数値の裏には，このようなバイアスが働いていたと考えられている。

ヒトの多様性と「人種」「民族」

　20 世紀半ばの二重らせん構造の発見以来，遺伝学は急速な発展を遂げている。ヒトゲノムの解読が進んでいる現在，集団の移動の歴史や地理的条件等によって，集団間に遺伝子頻度の高低は存在するが，特定集団に限定的な遺伝子はほとんど存在しないことが明らかになっている。他方，それぞれの集団内での多様性が高いことも知られるようになった。例えば日本列島の中でも北陸地方，近畿地方などの地方レベルの地域間に有意差が見られることも解明された。

　アメリカ合衆国では，新型コロナウィルスの人種間の感染率や死亡率の格差が問題となっている（現代では人種は自己申請制）。医療や食事へのアクセス，ストレスなど歴史的に積み重ねられてきた**人種差別**によって，人種間に健康格差が生じていることが浮き彫りになった。日本では，実態自体が明らかでないが，アイヌなどの少数派集団に対する差別がもたらしてきた健康リスクが懸念されている。

　「人種」も「民族」も，科学的に分類できるものではなく，固定的・静的な実体をもたない。しかし，集団として差別されてきた共通経験，あるいは他集団との相互作用により創られた共同体意識にもとづき，両者ともに社会的にはリアルに存在する。例えばアフリカ系アメリカ人の多くは，「黒人（Black）」としての強い**アイデンティティ**を抱いている。また現代の日本社会では，在日コリアンや華人らの「民族教育」「民族学校」，あるいは「アイヌ民族の伝統文化」といった用法に見られるように，「民族」は，少数派集団にとって，多数派集団による同化圧力に抗い，自らの誇り，主権，独自性などを主張する際の重要な概念となっている（図2）。　　　　　（竹沢泰子）

図2　ウポポイ（民族共生象徴空間）の国立アイヌ民族博物館の展示風景（執筆者撮影）

23．国家体制と民族

国家の境界と民族の境界のずれは何を引き起こしうるのだろうか

> **アクティビティ**
> 1) 地続きの地域に複数の国家が存在する場合，どのような国境線の引き方が望ましいだろうか．
> 2) 国境線を越えて同じ文化，同じ言語を共有する民族が暮らしている場合，同じ民族が1つの国をつくって暮らすべきという主張の具体例と問題点を調べてみよう．
>
> **キーワード**：民族，国境，ケニア，アフリカ統一機構（OAU），アフリカ連合（AU）

　アフリカ大陸の最高峰は，標高5,895 mのキリマンジャロである．周囲には，東アフリカ特有のサバナが広がり，多くの野生動物が生息している．この地域において，ウシ，ヤギ，ヒツジなどの牧畜を生業として暮らしてきた民族の1つにマサイがある．マサイ人が，サバナ地帯に侵入してきたヨーロッパ人の探検家や宣教師と接触・衝突し始めるのは19世紀後半であった．

　ヤリを主要な武器とするマサイと銃火器を装備した侵入者との勝負は後者の勝利におわり，1890年代には東アフリカ地域の北側にはイギリスが，南側にはドイツが勢力圏を確立し，植民地支配を開始した．マサイの世界も2つの植民地に分断されてしまった．

国境線の引かれ方

　この分断を国際的に承認したのは，1884年11月から1885年2月まで開催されたベルリン会議だった．この会議には13の国とベルギーのコンゴ国際協会が参加した．そこでは領土争奪のための2つの原則が合意された．1つは，海岸地域の占領が自動的に後背地の所有権を生み出すという「勢力範囲の原則」であり，もう1つは，勢力下においた地域では他国の権益を保護できる実体的権力を樹立する必要があるという「実効支配の原則」であった．ケニア人の歴史家は，後に，この会議のことを「1つの大陸の国家が寄り集まって，他の大陸の分割と占領について，これほど図々しく語ったことは世界史に先例がない」と指摘したほどだ．

　そもそも国と国との境界は，海，川，山などの自然環境を利用した線引きか，そこで暮らす人びとの言語，文化，生活圏を考慮して設けられることが一般的であったが，それらを無視した領土分捕り合戦の結果として引かれたのが，アフリカの直線的な国境であった．

図1　キリマンジャロ山のところで大きく曲がる国境

　なかでもイギリス領東アフリカ（現在のケニア）とドイツ領東アフリカ（現在のタンザニア）の境界線の確定は，もっとも植民地的なものだった．現在のケニアとタンザニアの国境をみると，インド洋岸から西に向かって直線的に引かれた国境線が，中央部のキリマンジャロ山のところで大きくケニア側に湾曲していることがわかる．本来直線的な線引きであればケニア領に含まれるこの山がタンザニア領となった理由は，ベルリン会議における奇妙な議論の結果であった．

　会議においてドイツ側の代表団は，イギリスの勢力圏には，アフリカ大陸屈指の高峰ケニア山があることを指摘し，キリマンジャロの割譲をイギリスに要求した．「あなたたちにはもう高峰があるではないか，わたしたちにも1つわけてほしい」というのである．その要求に対して，当時の大英帝国ビクトリア女王は，ドイツ帝国の皇帝ヴィルヘルム1世の「誕

生日のプレゼント」としてキリマンジャロを贈ったのである。その結果，マサイの人たちは，ケニア人とタンザニア人という外国人として切り離されることになった。

民族を分断する国境線

　こうした民族分断は，直線的国境が一般的なアフリカでは，各地で起きている。そのなかでもとりわけバラバラに分断され，その結果として今日の不安定化を生み出しているのが，ケニアの隣国ソマリアである。「アフリカの角」と呼ばれる紅海に接した北東アフリカ地域は，多様な民族が農耕，牧畜生活を営んできたが，なかでももっとも人口規模の大きな民族がソマリである。今日，ソマリ人が数多く暮らしている地域は，ソマリア以外に，ケニア，エチオピア，ジブチ，イエメン，さらには未承認国家としてソマリランドなど複数の国家におよぶ。

　こうした複雑性の背景には，この地域が，19世紀にスエズ運河が建設されて以降，アジアとヨーロッパを結ぶルートの重要拠点として，ヨーロッパ列強の領土的欲望の対象となったことがあげられる。ソマリ人が暮らしていた領域には，19世紀後半から20世紀前半にかけて，イギリス領ソマリア，イタリア領ソマリア，フランス領ソマリアなどの植民地が次々と樹立され，ソマリ人の民族世界を上から分断していった。第二次世界大戦後，アフリカの植民地がヨーロッパの宗主国からの独立を勝ち取り始めると，「アフリカの角」地域でも，それぞれが紆余曲折を経て，ソマリランド，ソマリア，ジブチとして独立した。それ以外にもエチオピアのオガデン地方やケニアの北西州に多数居住するソマリ人は，エチオピア国民，ケニア国民として生きることとなった。新たに独立したアフリカの国家のなかの少数民族として生きる道と，そこから分離してソマリ民族を糾合した大ソマリ共和国を建設しようとする動きは，この地域の不安定要因となっている。事実，1970年代のエチオピア・オガデン戦争，1980年代ケニアのシフタ戦争，1990年代から今日まで継続するソマリア内戦と動乱状態が継続している。

境界のズレを乗り超える知恵

　第一次世界大戦後の新たな国際秩序の理念は民族自決であり，以後の世界は民族自決，民族解放が大きな潮流となった。しかし，ヨーロッパが勝手に決めた国境線をもとに，宗主国からの独立を勝ち取ったアフリカの国家は，民族自決の理念を徹底するならば，またたくまに崩壊の危機に直面することになる。

　それを回避するためにアフリカ諸国が知恵を絞って作り出した苦しい選択が，1964年に出された**アフリカ統一機構（OAU）**決議であった。それは「すべての加盟国は現存する国境の尊重を誓約する」というものであり，植民地支配によってアフリカに押し付けられた国境線を受け入れてそこで多様な諸民族が連帯して新しい1つの国民を作り上げるという宣言だった。この理念は，21世紀に立ち上げられた**アフリカ連合（AU）**においてもそのまま継承されている。

　押し付けられた秩序を受け入れて，その領域内に新たな国民としての一体感を創造するという苦渋の決断について，2022年2月に起きたロシアのウクライナ侵攻と関連させて駐日ケニア大使が次のように語っている。「この状況はわたしたちの歴史と重なる。わたしたちの国境はわたしたち自身で引いたものではない。アフリカが独立する際，民族，人種，宗教的同質性に基づいて建国する選択をしていたのであれば，その先，何十年も血なまぐさい戦争が続いただろう。しかしわたしたちはその道を選ばなかった。わたしたちは，誰もが知らない偉大な未来に期待することにしたのだ」。ここにタイトルの問いかけに対する答えのヒントがある。　（松田素二）

24．多民族国家
同一の国家内で多くの民族が共存するために求められる知恵とは何であろうか

アクティビティ
　1）多民族国家として日本と中国にはどのような違いがあるだろうか．
　2）ロシアの民族構成について調べてみよう．
　3）ヘイトスピーチに与しないため，日頃から何ができるかを具体的に考えてみよう．
キーワード：多民族国家，言語，宗教，生活文化，漢民族，少数民族，多文化共生

　多民族国家とは複数の民族から成り立つ国のことである．1つの国で2つ以上の民族が認められれば，その国は多民族国家であるといえる．多民族国家と聞くと，さまざまな肌や髪の色をした人びとが集まる，アメリカ合衆国のような国々を思い浮かべるかもしれない．だが，日本もれっきとした多民族国家である．日本では，北海道を中心に居住するアイヌ民族が，先住民族として公認されている．他にも，世界各国からの移民とその子孫が日本で生活している．1つの国で複数の民族が暮らす姿は，今や当たり前の光景となっている．ただし，世界中をみわたすと，多民族国家のありかたは同じではない．ここでは，中国の状況をみていこう．

中国の民族構成
　中国の面積は日本の約25倍であり，そこでは14億を超える人びとが暮らしている．われわれは，彼らを「中国人」というカテゴリーで括りがちである．しかし，一言で「中国人」といってもさまざまであり，言語，宗教，生活文化の違いに応じて，56の民族が認定されている．
　中国の56の民族のうち，人口が最も多いのは**漢民族**である．漢民族は，全人口の90％以上を占める．その他の55の民族は，**少数民族**と総称される．

漢民族と少数民族の関係
　漢民族と少数民族は，いずれも中国の全土で広く居住している．ただし全体的にみると，北京，上海，広州といった巨大都市がある沿海部では，漢民族の比率がより高い．一方で，北の国境周辺部，または西の内陸部へ行くと，少数民族の人口比率が高くなる（図1参照）．
　中国西北部の新疆ウイグル自治区をみてみよう．新疆は，モンゴル，カザフスタン，キルギスなどと国境を接している．ここでは，漢民族の他にも，ウイグル族，カザフ族，キルギス族など，チュルク系民族に属す少数民族がいる．チュルク系民族の言語は，中国語よりもトルコ語に近い．中国のチュルク系民族の多くは，イスラームを信仰する．共産党政府は，カトリック，プロテスタント，イスラーム，仏教，道教を許容しているが，共産主義の理念により，これらの宗教を厳しく管理している．チュルク系民族は，宗教や生活文化などの違いから，漢民族と摩擦を起こすことがある．

図1　中国地図

広州における民族間摩擦
　漢民族と少数民族の間の対立は，わたし

が長年フィールドワークをしてきた東南沿海部の広州（図1参照）でもみられる。広州で暮らす人びとの多くは広東語を話す漢民族であるが，満州族や回族などの少数民族もこの地で暮らしてきた。1978年末から経済の自由化がはじまると，中国各地の漢民族と少数民族，そして諸外国からの移住者も急増した。

　民族が多様化するにつれ，広州ではさまざまな差別や偏見が増幅するようになった。そのなかには，肌の色が黒い人びとだけでなく，国内の少数民族に対する差別や偏見も含まれる。例えば，広州に最近移住したウイグル族は，イスラーム信者であり，地元ではしばしばテロや暴力のイメージと結びついてきた。

民族が異なるから摩擦が起きるのか？

　ただし，異集団の対立は，漢民族と少数民族の間だけで起きてきたわけではない。

　漢民族といっても一様ではない。漢民族は，言語や文化の異なる数多くの集団によって構成される巨大民族である。例えば，客家（ハッカ）といわれる集団は，いまでは漢族の一員であるが，かつては少数民族とみなされることがあった。客家語は，古代中国語の系統を引いているといわれ，現代中国語とはあまり意思疎通ができない。

　現代の中国語は，北京や東北地方の言葉をもとにつくられた共通語である。中国語は，広州の主要言語である広東語とも会話が成り立たないほど異なっている。

　広州のある地域には，四川省から出稼ぎにきた漢民族が住んでいる。彼らは四川語や中国語を主に話し，広東語をほとんど解さない。だから，広東語しかほぼ理解しない地元の高齢者と交流がなく，互いを偏見の目でみている。広州人は，四川移民を「北方人」と呼び，広州の言語・文化・礼節を学ぼうともしない，マナーに欠けた人びととみなしている。また，広州の料理は相対的に甘味であるが，四川料理は辛味である。四川移民はトウガラシをふんだんに使って料理をするため，その匂いに堪え切れない近隣の広州人と摩擦を起こした例もある。

　他方で，この地域から歩いて行けるところには，回族のコミュニティがある。回族は，ウイグル族と同じく，イスラームを信仰する少数民族である。だが，わたしは，現地で回族と漢民族が，近年大きな摩擦を起こした例をあまり聞いたことがない。そこの回族は，数世代にわたって広州に住んでいるため，広東語を話し，近隣の漢民族住民とも個人的な交流がある。だから，回族がイスラーム風の服を着てモスク（イスラームの礼拝堂）へ通っても，周囲の漢民族はそれを理解し妨げることはない。

個々人の異文化理解に向けて

　多民族国家は，複数の民族がいるため異文化摩擦が起こりやすいといわれる。だが，以上にみるように，異なる民族が共存する例もあれば，同じ民族が文化摩擦を引き起こす例もある。ここで民族摩擦の火種となっているのは，民族的帰属の違いそのものではない。相手の言語や生活文化を理解しようともせず，「○○人は××」であると決めつけてしまう心理にある。こうした特定の民族・集団に対する固定観念は，ステレオタイプと呼ばれる。

　ステレオタイプは，偏見や差別を生み出す温床である。ステレオタイプから脱却するためには，まず個人と個人のつきあいを深め，互いの言語や生活文化を尊重し，理解することからはじめねばならない。その小さな積み重ねこそが，その場その時の差別やヘイトスピーチを抑制し，**多文化共生**の社会を築きあげていく土台となっていくのだ。　　　　　　（河合洋尚）

25．山地・高地に暮らす人びと

ヨーロッパアルプスではどのような暮らしをしているのだろうか

> **アクティビティ**
> 1) どのような工夫をして山地で暮らしているのだろうか．
> 2) なぜチロルの村では人口が減らず，活気があるのだろうか．
> 3) 日本の山村と比較し，共通点や相違点を考えてみよう．
> **キーワード**：山地，アルプス，Ｕ字谷，移牧，高地，観光化，ブルーバナナ，ヨーロッパ連合（EU）

　世界の山地には世界人口の約12％が住んでいる．多くの人びとが山地で暮らしてきたのは，多様な作物や家畜などの食料資源，銅，銀，宝石などの鉱産資源，木材や薪炭材を提供する森林資源に恵まれていたからである．さらに，熱帯では低地に蔓延するマラリアなどの病気から免れられたことも大きい．しかしながら，今日，山地の暮らしは大きく変化している．世界的に見れば，自然災害や森林の減少，経済的な衰退，固有文化の喪失など，様々な問題が生じている．山地を適切に管理し，そこに暮らす人びとの生活を維持することは，地球的課題になりつつある．ここでは，わたしが調査をしたヨーロッパアルプスのチロル地方（オーストリアの1つの州）についてみていこう．

山地を利用した農業

　ヨーロッパアルプスは，西はフランスから，イタリア，スイス，オーストリアなどを経て，東はスロベニアに至る長大で高峻な山脈である．最高峰はモンブラン（白い山の意）で標高4,810mに達する．図1はアルプスの農村の典型的な景観を模式化して示したものである．氷河の作用によるＵ字谷が発達し，農業は谷の山腹斜面や山麓の平地を利用して行われる．同じ山地でも日本のようなＶ字谷に比べると，谷底，山腹が広く，そこが集落や農地として利用されてきた．

図1　アルプス農村の景観

Kumpfmüller,M. 1989. *Umweltbericht Landschaft.* Wien: Österreichisches Bundesinstitute für Gesundheitwessen, p.95 を一部変更．

　また，森林限界より上には草地（アルムあるいはアルプと呼ぶ）があり，放牧地となっている．伝統的には夏季にアルムまで家畜（牛，羊など）を上げて放牧し，冬季には麓に下ろして畜舎で飼育する．このような牧畜を**移牧**というが，低地と**高地**の大きな高低差を利用している点に特徴がある．アニメ「アルプスの少女ハイジ」はこのような移牧における高地の世界が描かれており，主人公が高原の山小屋で祖父とともに暮らしながら成長していく．アルプスの美しい山岳景観は，純粋な自然景観だけでなく高原の草地を利用する山地農業によっても維持されていることがわかる．しかし，傾斜地という地形条件は多くの労働を必要とし生産費も平地より高くつく．そのため，政府は山地の農業を近代化する事業を行ったり，農業への助成や農家への所得保障を実施し，景観の維持や環境保全に努めている．

チロルの村の生活

　チロル州の農村では**観光化**が進んでいる。政府の奨励により農家が観光客用に部屋を貸すことは広くみられ，農家の重要な収入源となっている。チロル州では全農家のうち，民宿・部屋貸しを兼業するものが約3分の1にも達する。観光客は滞在型が中心で，アルプスの美しい景観の中でハイキングや登山をしたり，マウンテンバイクやスキーなどを楽しむ。

図2　ムッタース村の集落
教会の尖塔を中心にチロル様式の家が立ち並ぶ.

　州都インスブルック近郊のムッタース村（2011年の人口1,983人）の例をみてみよう（図2）。2,000 mを超える山の麓に位置し，村の中心部の標高は830 mである。美しい農村景観に恵まれるとともに，山腹にあるアルムを利用してスキー場が開発されているため，夏季だけでなく1年を通じて観光客が来訪する。そのため1990年当時は農家43戸のうち，民宿を営む農家が20戸と半数近くにも達していた。また農家の約70 %は20 ha以上の経営耕地を有しており規模が大きい。そのため，政府の所得保障の対象となる「山地農民」に

図3　ムッタース村の牛下しの祭り（9月）

認定される農家が多く，農家全体の半数以上を占めていた。このように，山地にありながら観光と共存する形で農業経営が維持され，それが農村景観の保全にも寄与していることがわかる。また，チロル農村は郷土意識が高く伝統文化を守っているのも特徴である。壁絵のあるチロル様式の家屋が至るところでみられ，また牛下し祭りなど様々な伝統行事が今でも行われている（図3）。観光客は滞在型が多く村にある小売店や飲食店を利用するので，それらの維持にも役立っている。小さな村にマウンテンバイクやスキーを販売する店があるのには驚かされる。このように農村らしい生活と景観が観光客を引きつけ，農村地域からの人口流出を防いでいる。

EUの中のチロル

　チロルの農村生活は，チロル州の経済発展によっても支えられている。第二次世界大戦後，州の経済は大きく変化し，山地農業に依存した経済から現代的な工業・サービスを中心とした経済へと変容した。今日，農業は雇用者のわずか6 %を占めるに過ぎず，山地にありながら多角的な経済基盤を有している。ヨーロッパで長期休暇が一般化するにつれ，ヨーロッパ全体の山岳観光地として発展したことによりサービス業が拡大し，また工業生産も活発に行われており，クリスタル製造のスワロフスキー社や金属材料のプランゼー社のような世界的に知られた企業の本社もある。

　このようにチロルは，人口が増え，社会経済的にも活力があるが，その一因はヨーロッパにおけるチロル州の位置にもよっている。西ヨーロッパの核心地域は**ブルーバナナ**（青いバナナ）と称されるが，オーストリア西部はこの一部に含まれる。チロルは山岳地域であるが，ドイツからイタリアに至る主要ルートであり，ヨーロッパの中枢地域を結ぶ回廊となっているのである。1995年のオーストリアの**ヨーロッパ連合（EU）**加盟はこのようなチロルの特性を一層強めている。

（岡橋秀典）

26. 海と漁業に生きる人びと

カリブ海で漁業をする人にとって，サンゴ礁の海はどんな場所なのだろう

> アクティビティ
> 1) サンゴ礁の生物のうち，漁獲される資源についてその生息環境を調べてみよう.
> 2) 地図で海底地形をみながら，どんな場所が漁場になりそうか考えてみよう.
> 3) 海域を利用する諸集団との関係から，漁場がどのように変化するかを考えよう.
> **キーワード**：カリブ海，サンゴ礁，漁業，資源，クレオール言語，少数民族，国境

「自分の庭のマンゴーを分けるやり方を，なぜ他人に指示されなくてはならないのか」．これは，西カリブ海のサンアンドレス諸島で開催された，自然保護区（海洋保護区）の管理に関する会議での，ある漁業者の発言である．サンアンドレス諸島がある海域には，**カリブ海**最大の**サンゴ礁**が発達しており，多様な生物の生息地となっている．**漁業者**が「庭」と呼んだのは，この海域に広がる漁場であり，「マンゴー」とはそこで漁獲してきた生物**資源**である．島に住む人びとは，どのようにして漁場を利用してきたのだろうか．その利用は，どのような課題を抱えているのだろうか．

ライサルの庭：西カリブ海のサンゴ礁

カリブ海は南北アメリカ大陸に挟まれた海域のうち，中米陸橋，大アンティール諸島，小アンティール諸島に囲まれた海域である．このうち西部海域では，年間 27 ℃前後の水温に加え，中米陸橋からジャマイカ島に向かって伸びる大陸棚の地形が，広いサンゴ礁を形成している．このサンゴ礁は，1,400 種以上の魚類のほか，ロブスターや貝類，ウミガメ類など重要な水産種の生息地となっている．

サンアンドレス諸島は，この大陸棚に位置する島嶼の 1 つである．この島に先住した人びとの子孫は，自らを「ライサル」と呼ぶ．ライサルの人びとは，英語系**クレオール言語**を話し，主としてプロテスタントであることをアイデンティティとしている．ライサルは，17 世紀に島に移住したイギリス清教徒や，綿花栽培の労働者としてジャマイカから連行されたアフリカ

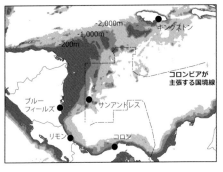

系集団など，多様な出自を持つ．彼らはキングストン，ブルーフィールズやリモン，コロンなどイギリスの交易拠点となった西カリブ海の港町に親類を持ち，帆船を使ってこれらの港町や，西カリブ海の島々の間を自由に航海してきた（図1）．ライサルにとっての「庭」とは，これら拠点によって結ばれた航海のネットワークであり，それに支えられて利用してきた漁場なのである．

図1　西カリブ海の海底地形と主な港町
出典：NOAA

ライサルの暮らしと漁業活動

筆者がサンアンドレス諸島の漁業者の家を訪れて最初にごちそうになったのは，新鮮な魚とキャッサバやタロなどのイモ類，調理用バナナをココナツミルクで煮込んだ料理である．ライサルの人びとは菜園でイモやバナナを育て，魚を捕る自給的な暮らしを営んできた．1938 年生まれのアントニオさん（仮名）の曽祖父はジャマイカ出身，曽祖母はスコットランドの出身である．1973 年ごろまで帆船でウミガメを捕り，潜水や釣り，筌を使って魚を捕った．現在

は農繁期の 8 － 9 月は漁を休み，10 月にはエンジン付きの船で，フエダイやオオサワラ，ハタなどを狙って漁をする。1962 年生まれのエミリオさん（仮名）は，50 km 沖合の無人島を拠点にして 8 日ほどキャンプを張り（図 2，図 3），魚とロブスター，ピンクガイを潜水で捕る。ロブスターとピンクガイを買い取る島の加工場は，コロンビア経由で米国や EU に出荷している。「漁業は正直な仕事だから，子どもにも継いでほしい」とエミリオさん。風や潮流を読む航海技術を身に着け，英語が話せるライサルには，米国資本のクルーズ船や海運業に従事する人も多い。

図 2　ライサルの漁民

図 3　無人島の漁業キャンプ

資源管理とライサルの自治

　1990 年代から，サンアンドレス諸島では資源の乱獲が問題となってきた。その大きな要因は人口の急増である。1953 年にコロンビア政府が自由貿易地域に指定すると，免税店での買い物を目的に観光客が増加し，商業部門が成長した。コロンビア本土からは雇用を求めて多くの人口が流入し，1970 年代には 2.5 万人だった人口が 1993 年には 6.1 万人に急増した。1991 年制定のコロンビア憲法でライサルは，**少数民族**に認定されて権利保障を求めることになった。一方，国内外の市場向け鮮魚販売が活発化するなか，多くの移民が漁業に参入し，資源への漁獲圧が高まった。2001 年に政府は資源管理策として，ロブスター漁獲量の割り当て制度（クォーター制）を導入し，年間漁獲量の 90 ％を商業漁船に，10 ％を小規模漁船に割り当てた。商業漁船を経営するのはコロンビア本土の資本であり，後者の割り当て分をライサルと移民漁業者が競争して漁獲することになったのである。

　さらに 2005 年には，コロンビアで最初の海洋保護区がサンアンドレス諸島に設定された。州政府海洋局は，住民へのヒヤリングやワークショップを重ね，商業漁業を制限する代わりに小規模漁業に対しても禁漁区を設定することや，観光業，海運業による海面利用区も設置することでライサル・コミュニティの同意を得た。しかし次々と参入する無許可の漁業者による乱獲は止まらず，海洋保護区へのライサルの不信感は高まった。こうしたなかで漁業者は，資源管理（「マンゴーの分け方」）におけるライサルの自治を訴えるに至ったのである。

海上国境と漁場利用

　ライサルの庭であるサンゴ礁海域の利用に対して，もう 1 つ大きな障害となっているのが海域の軍事化である。多数の無人島が結ぶ航路は，麻薬や武器を南米から中北米に運ぶ密輸業者の航路ともなっており，コロンビア国軍や国連の監視船が海上で漁船を尋問したり，複数の航海申請書を求めたりするようになった。ライサルがかつて自由に行き来した港町は，現在ジャマイカやニカラグア，コスタリカなど複数の国家の領域に所属し，これらの拠点に血縁ネットワークを持つライサルが，密輸の潜在的な担い手として監視されている。「危険な黒人というイメージがライサルを根絶させる」と漁業者は言う。地図上に表現される海上国境線は，ライサルにとって，このイメージを生み出す見えない脅威にほかならない。このなかでライサルの漁業者は，かつて帆船で培った航海や漁業の技術を，誇るべき文化として若者に伝えようと奮闘しているのである。

（池口明子）

27．平野・農業に生きる人びと

都市近郊の農業はどのように変化しているのか

> アクティビティ
> 1）都市農業にはどのような取り組み事例があるのか，調べてみよう．
> 2）都市農業や都市の農地にはどのような役割があるのだろうか．
> 3）都市の農地を維持するために，どのような活動が必要だろうか．
> キーワード：地産地消，6次産業化，防災，余暇活動，景観保全，まちづくり

　市街地や住宅街の片隅で，水田や畑を見たことはないだろうか．都市化が進み，市街化された地域で行われる農業を都市農業・都市的農業という．都市農業の農地は，日本の全農業地の2％程度にしか過ぎないが，農業生産額は全国の約7％（6,229億円）を占めている．多くの農業生産地域で高齢化が社会問題となる中で，農業者の年齢構成は，都市ほど若くなる傾向にあり，2010年の世界農林業センサスをみると，都市農業における65歳未満の農業従事者は，地方都市では約48％，三大都市圏特定市では約56％となっている．都市ではまとまった農地がないこと等から，各農家が経営する農地面積は小さいが，2020年の統計では年間販売額が1,000万円以上になる農業者が約7％もみられ，都市住民の需要に合わせた収益性の高い農業を行うなど，多様な取り組みが挙げられる．近年，この都市農業が果たす役割に注目が集まっている．わたしたちの暮らしに身近な都市農業について，多様な視点から考えてみよう．

多様な担い手・新しいビジネスモデルの農業

　都市農業のメリットである「消費地への近接性」，これはさまざまな担い手にとって新たなビジネスのチャンスであり，多様な農業経営の可能性を秘めている．例えば，東京都練馬区では，自治体が江戸時代から地域に伝わる伝統野菜「練馬だいこん」の生産を復活させ，行政施設や大学の食堂，料理店などに直接卸して**地産地消**に取り組み，地域ブランド化を進めた．このような付加価値を持つ伝統野菜の生産は収益性が高く，全国の都市周辺部でみられる．また，埼玉県の企業は，住宅街にある農場で，年間70種類もの野菜を生産し，農場の隣に直営店舗を設置して，農産物の販売に加え，野菜を使った弁当や加工品などの製造・加工・販売まで行う**6次産業化**に取り組んでいる．都市農業では，レストランなどと直接販売の契約を行い，ハーブやパクチー，西洋野菜など，飲食店が必要とする野菜の生産に特化した企業経営的な農業も多くみられる．輸送コストをかけず，鮮度の良さを強みに，消費地を意識した旬の野菜を多品種生産できることは，幅広いビジネスモデルを生んでおり，農家が農場の周辺で庭先販売する都市農業は，都市のフードデザートの解決につながる可能性も議論されている．

　一方で，学校給食と連携し，出前授業を通して児童への食育に取り組む農家や，都市住民に農地を定期で貸し出し，農業指導を受けながら農業生産に取り組んでもらう市民農園，体験的な収穫作業を楽しむ観光農園など，多様な担い手をまきこんだ農業の形態もみられる．周辺に非農家の多い都市農業では，農業への理解の促進もまた重要な取り組みの1つとなっている．

図1　練馬区のレストランで提供される多種類の地場野菜

農業生産の空間が都市で果たす役割

　都市農業に対する住民の意向調査をみると，人口密度が高い大都市ほど，都市の農地をぜひ残していくべきであると考える人が多い。都市の中に点在する水田や畑には，農業以外にどのような役割が期待されているのだろうか。

　都市化や宅地化の進む市街地では，緑地空間や水辺空間は貴重な存在となった。畑や水田は，都市の緑化の一環として，都市住民に緑を提供する重要な景観である。食べられる植物の生産農地を

図2　農場の横に設置された無人の農産物直売所

取り入れた景観づくりは，エディブルランドスケープと呼ばれ，都市住民に憩いや癒しを与えるものとして，日本のみならず世界の都市で取り組まれている。また，都市の緑地は，ヒートアイランド現象を緩和し，雨水が浸透しづらいアスファルト舗装の多い都市部で豪雨時などに雨水を保水・貯水するなど，環境を保全する役割も期待されている。水辺を有する水田では，都市部では希少となった多様な生物の保護にも役立っている。

　都市の農地は，災害時の**防災**の空間としても機能する。水田や畑の前に，災害避難所の看板が立っていることを見たことがあるだろうか。建物が隣接する都市では，農地が延焼を防止し，人びとの災害支援拠点となる。防災協力農地として農家の同意を得た農地では，災害時に避難場所を提供したり，復興時に仮設住宅建設用地として提供される。農業に必要な農業用水を供給する井戸も，災害兼用井戸として周辺住民の生活用水を供給する。都市農業と農地が持つ多面的な機能は，都市住民の**余暇活動**や**景観保全**，気象災害対策や防災拠点など，地域の**まちづくり**において欠かせないものとなりつつある。

都市農業を維持し，農地を残す活動

　このように，多様な役割が期待される都市農業であるが，市街化区域内での農地面積は急激に減少しつつある。1994年に13万7,643 haであった農地は，2019年には6万3,925 haにまで減少した。土地の税負担や居住地周辺の農作業の困難さなど都市ならではの課題が多いことに加えて，一方で都市部の農地は開発用地としての需要が高いため，農業後継者がおらず農業が中断されると，宅地化が進んでしまう。近年では，都市農業を維持しようと，周辺住民らによるボランティア活動や農作業サポーターなどが農家を支える取り組みが始まっている。また，都市近郊で生産された農作物を購入する消費者に得点を与え，都市農地の守り手になってもらう「ファームマイレージ」運動が東大阪市で始まり，その取り組みが全国に広がっている。何気ない日常生活の中で目にする都市の農地は，生産者と消費者を結び，都市に緑地をつくる重要な役割を果たしており，将来的にどのようにして維持し，残していくか，今後の課題である。　　（井口　梓）

図3　都市景観に囲まれた市民農園

28．都市における民族と居住

コスモポリタンシティ・バンクーバーの人・交通・住宅

> **アクティビティ**
> 1) 香港返還前後に急増した中国系住民がその後も増加したのはなぜだろうか．
> 2) スカイトレインの無人運転や無人駅がもたらす効用について考えてみよう．
> 3) タワー型高層住宅の部屋数が日本より少ない傾向にあるのはなぜだろうか．
> **キーワード**：多文化主義，スカイトレイン，高層住宅，移民，文化摩擦，渋滞，都市計画

　COVID-19（新型コロナウイルス感染症）の地球規模での拡大を受けて，国をまたぐ人の往来が低調になった．しかし，それ以前から国際色豊かなコスモポリタンシティであった都市が欧米先進国には多い．ここで取り上げるバンクーバーもその好例である．当地の国際色豊かな環境は，カナダの**多文化主義**政策を体現しており，それが奏功してバンクーバーは2010年冬季オリンピック開催都市となった．また当地は1986年の世界交通博覧会の開催に合わせて**スカイトレイン**という無人運転の鉄道サービスを始めた．この交通インフラは冬季オリンピックの前後にも路線拡張し，今やメトロバンクーバー（バンクーバー大都市圏）では不可欠な公共交通となっており，多くの駅周辺にはタワー型の**高層住宅**が林立した独特の景観がみられる．

中国系住民急増による文化摩擦

　イギリスの信託統治領だった香港は，1997年7月1日に中国に返還された．直近は社会情勢の変化も著しいが，香港はいわゆる一国二制度の下で運営されてきた．しかし，返還直前には不安を抱いた多くの人びとが**移民**として英連邦諸国へ転出する流動が生じた．受入国の1つとなったカナダの中でも，とくにバンクーバー大都市圏は多くの転入者が暮らす地域となった．

　こうした時期に失業率が高くなっていたこともあり，保守的住民には転入者を快く思わない者が少なからずいた．その頃，開放的な前庭を持つ旧来の戸建住宅の一部が，敷地前面に柵を設けた巨大家屋に建替えられ始め，中国系住民がこうした住宅を建築しているとのネガティブキャンペーンが展開され，当該住宅をモンスターハウスと呼んで蔑視する**文化摩擦**が生じた．州政府や市当局の仲介もあり，事実はそうではないことがわかったが，こうした仲介こそカナダが国家を挙げて取り組んできた多文化主義（マルチカルチュラリズム）の具現化といえる．新世紀に入ってからも中国系住民の増加は続き，現在では重要な経済活動の担い手として確固たる地位を築きあげ，大都市圏全体の人口増加に大きく寄与している．

図1　スカイトレイン開業を祝った記念プレート

地元では不可欠な公共交通機関としてのスカイトレイン

　スカイトレインは，世界交通博覧会の1年前の1985年に，会場間の輸送と展示物を兼ねて現在のエキスポラインの一部が部分開業した（図1）．その後エキスポラインの区間延長，ミレニアムラインの延伸やカナダラインの開業を経て総延長72.4kmの現路線を整えた．周辺都市域を含めて交通**渋滞**緩和に果たした役割は大きい．無人運転されている列車は，開業以来システム異常による乗客の死亡事故ゼロを誇っている．また，すべての駅は無人駅で完全バリアフリーを実現している．ただし，セキュリティ保

持のため駅にトイレはない。かつて用いられていた無改札の信頼乗車方式は，Suica や ICOCA に似た Compass というカードが多用されるように変わった。大都市圏内のすべての公共交通機関は，トランスリンクという公企業が一体運営しており，安価で利便性の高い利用者本位のサービスが提供されている。

　プラットホームと車両との間に隙間はほとんどなく，車椅子ユーザーが介助者を伴わず利用する姿を頻繁に見かける。これは運転手が遠隔設定できるスロープを備えた路線バスでも同様である。筆者はフィールドワークをしていた際，一人の利用者から「身体が不自由になったので自家用車を手放してスカイトレインとバスを使うようになった」と聞き驚愕したことがある。

スカイトレイン駅周辺の都市景観を観察する

　最初に開通したエキスポラインは，一部で既に戸建住宅が多い地域に路線が設けられたため，周辺に低層住宅が卓越する駅もみられる。しかし，エキスポラインの郊外側の末端区間（サレー市）や新しい路線の駅周辺の多くでは，タワー型高層住宅が建ち並ぶ景観が普遍的である。

　これは，**都市計画**に誘導された都市景観であるといっても過言ではない。カナダでは，現地で Zoning とよばれる都市計画規制（土地を指定地域に区切って，個々の区域で建設できる建物の構造や用途を規制）が，地元自治体の裁量に任されている。対して日本では，都市計画法という全国一律の法律によって建物の構造や用途が決められ，各自治体が独自の条例で補足的に調整している。住民税の増収を図るため，各自治体は居住者を増やすことに腐心し，交通利便性に優れたスカイトレインの駅周辺を高層住宅地区に指定することになる。新規開業した路線の多くが既存住宅地ではなく，工場や倉庫などが多い地域や郊外ショッピングセンターの近く，さらに未開発地域に敷設されたことも，広い土地を高層住宅地区に指定することに好都合だった。

　ミレニアムラインの延伸後，筆者はその終点であるラファージレイク・ダグラス駅から周辺の写真を撮影した（図2）。林立するタワー型高層住宅の景観は，あたかも急成長するアジア都市のようにさえ見える。写真に写っている手前側の低い建物は，地元自治体の市役所で，その隣接地域には郊外ショッピングセンターもある。これらの施設周辺では従前は住宅がほとんどなかった。そのため，駅の開業に合わせて周辺を高層住宅地区に指定する都市計画が容易だった。住宅販売に際しても，開発業者は既存の行政機関や大型ショッピングセンターへの近接性を強調できた。

　こうしたタワー型高層住宅は，インターネット上の Web サイトで世界各地から閲覧することができるが，日本各地でマンション販売の際に設けられるモデルハウスもある。その大部分は，日本で「現地棟内モデルハウス」と呼ばれている形態で，物件とは別の場所に設けられたプレハブ構造のモデルハウスは稀である。「現地にある棟内モデルハウスでなければ，住環境の長短所を十分に検討できない」という需要者側の価値観がそこにある。筆者が高層住宅のモデルハウスを訪問したところ，日本では広めの 3LDK になりそうな区画が余裕のある 2LDK になっているケースが多くみられた。この理由をアクティビティで考えてみよう。（香川貴志）

図2　ラファージレイク・ダグラス駅付近の高層住宅群

29. 発展途上国の都市問題

インドの都市構造はどのようになっているのだろうか

> **アクティビティ**
> 1) 植民地時代の都市はどのような都市計画で造られたのだろうか．
> 2) インドなどの発展途上国ではなぜメガシティが形成されたのだろうか．
> 3) インドではなぜ都市の中に伝統的農村が残っているのだろうか．
> **キーワード**：植民都市，都市計画，メガシティ，ゲーテッド・コミュニティ，カースト，アーバン・
> ビレッジ，スラム，インフォーマルセクター

植民都市と多重的都市構造

　植民地時代以降のインドの都市は，インド人により建設された伝統的都市とイギリス統治時代に建設された**植民都市**が併存する二重構造であった（図1）。このような構造は，コロニアル・アーバニゼーションと呼ばれ，イギリス人とインド人の明確な階層構造を背景にして両者の間に衛生用隔離帯を設けてインド人とイギリス人を分離させた**都市計画**による。伝統的都市では，庶民の買い物でにぎわうバザール（市場）や安価な宿泊所があり，植民地時代に計画された地域にはイギリス人行政官の居住地と役所が配置された。近年は経済成長によって中間層や富裕層が増加し，都市内部の高層化や郊外住宅地の開発によって近代都市の要素を持った郊外地域が出現しつつあり，多重的な都市構造へ転換しつつある。

　デリーはイスラーム王朝期に城を中心に築かれた迷路状のインド人の街（オールドデリー）と，植民地時代に建設された整然とした街路のイギリス人の街（ニューデリー）からなり，後者にはコンノートプレイスを中心とした中心商業地区，政府機関が集中する行政地区やカントンメント（軍の駐屯地）が計画された。これらのイギリス人の街はインド独立後，インド人の富裕層の街に入れ替わっている。さらにニューデリーの外延部には急速に都市開発が進む郊外地域があるが，日本の政府開発援助（ODA）により建設されたデリーメトロによって郊外開発はさらに進展し，巨大な大都市圏が形成されている。

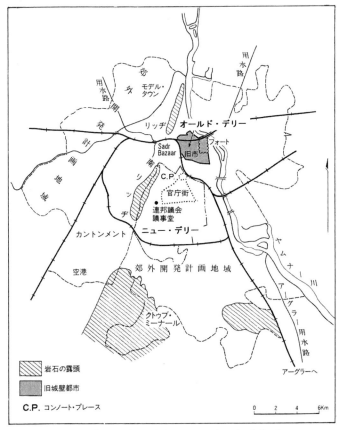

図1　デリーの概要（ジョンソン（1986）を修正）

独立後の都市発展とメガシティの形成

　印パ分離に伴ってデリーには大量の人口が流入し，過度な都市化を迎えた。インド政

府は国家プロジェクトとしてデリーの過大化防止と機能分散を目的として，デリーでは開発公社（DDA）が 1955 年に設立され，1962 年にマスタープラン（MP62）を策定し，厳しい土地利用コントロールによってデリー市内における都市開発を抑制する一方で郊外開発を進めた。しかし，急速な都市成長に対してデリーだけでは対処できなくなり，1985 年に首都地域計画局（NCRPB）が設立され，デリー特別州と隣接の州にわたる大都市圏の整備が図られた結果，デリーの郊外は急激な都市開発が進められた。1991 年には外国資本の導入を図った経済開放政策（新経済政策と呼ばれている）がとられ，低賃金の労働力と巨大な市場を求めて欧米や日本などの多国籍企業の製造業やサービス業がデリー大都市圏に進出し，デリー大都市圏にはさらに多くの人口が流入し，広大な後背地と連携した**メガシティ**を形成している。

図2　グルグラムの高層集合住宅

デリー郊外地域の人びとの生活

　デリー郊外のグルグラムのように大都市郊外地域では，高層集合住宅が林立し，郊外型ビジネスパークが建設された。今日のインドは経済の急成長によって富裕層や新中間層と呼ばれるミドルクラスの人びとが増加し，彼らが郊外の新興住宅地に移住することで近代的な都市景観が形成されている。かつて多くのインド人にとって住居の購入や建築は，一生涯のうち 1 度経験するかどうかの一大イベントであった。しかし，経済成長による世帯の住宅需要の増加によってこのような習慣は大きく変わり，騒然とした都会を抜け出して都市郊外へ住宅を求めて移動する世帯が増えている。

　郊外での住宅開発地は，堅固なゲートによって部外者の出入りが管理され，周囲を高い塀で囲んだ**ゲーテッド・コミュニティ**を形成しているところが多い（図2）。インドでは治安が悪いために防犯を目的として住宅地や集合住宅地の入り口に門番を雇っていたが，近年はディベロッパーが販売目的のためにゲートを設置することが多い。ゲーテッド・コミュニティとなった新興住宅地では，伝統的な農村集落と違ってさまざまな**カースト**が混在して住んでいる。

アーバン・ビレッジ―都市化する農村

　インドでは都市開発地域の中に，伝統的な農村が散在して残存している。急速な都市化が進むデリー大都市圏内には数百の**アーバン・ビレッジ**が存在しているといわれる。アーバン・ビレッジは集落の周囲を都市開発に取り巻かれながらも，村の代表者であるパンチャーヤトなどの政治的権力や農民の既得権を保護するために開発から取り残されている旧来の集落である（図3）。これらのアーバン・ビレッジでは道路建設や上下水道施設も村の手前までは整備されているにもかかわらず，村の中まで整備が及ばない。開発対象外のアーバン・ビレッジでは，農民は**スラム**のような過密な集落に住み，**インフォーマルセクター**に従事する地域外からの流入者向けの借家を経営したり，さまざまな雑業に就くことが多い。都市住民と村落住民との格差が大きいために，アーバン・ビレッジは「都市内植民地」と指摘される。　　　（由井義通）

図3　アーバン・ビレッジ

30．都市の再開発・ジェントリフィケーション
ロンドンの都心周辺部はどのように再生されてきたのか

> アクティビティ
>   1）インナーシティはどのように変化してきたのだろうか．
>   2）ジェントリフィケーションはどこで起こっているのだろうか．
>   3）ジェントリフィケーションはどのような影響を及ぼすのだろうか．
> **キーワード**：移民，インナーシティ問題，ロンドン，ユダヤ人，都市型零細工業，バングラデシュ，
>   ジェントリフィケーション

　先進資本主義国の大都市では，都心に業務機能や小売商店が集中する一方で，都心の周辺には卸売商店や中小工場があり，**移民**の人たちの暮らす町がある．都心周辺部では，都心の業務機能や小売商業の拡大の影響を受けて，工場が移転して閉鎖したり，老朽化した住宅が取り壊されたりする．大都市の都心周辺部では，どのようなことが起こっているのか考えてみよう．

インナーシティの変化
　インナーシティ問題は，**ロンドン**をはじめとする先進資本主義国の大都市の都心周辺部でみられる．ここでは，ロンドンの都心の東にあるイーストエンドの変化について考えてみよう．
　フランスからユグノーが，イーストエンドのショーディッチやスピタルフィールズに移住して絹織物工業を興し，ホワイトチャペルではスペインからの**ユダヤ人**が衣服製造業を発展させた．東欧やロシアから逃れてきたユダヤ人の多くは，スピタルフィールズとホワイトチャペルに定住した．未熟練なユダヤ人移民労働者の下請により，既製服生産が地域の中心産業となった．他にもベルトの生産や，縫製機械の修理工場もあり，**都市型零細工業**が集積してきた．
　ユダヤ人の多くは経済的に余裕ができると地区を離れ，1960年代以降は**バングラデシュ**からの移民が多くなった．これは，インナーシティにおける社会的不利益の集積である．スピタルフィールズには大きなビール醸造所と青果卸売市場もあったが，1990年代初めにはいずれも閉鎖されたため，多くの労働者が職を失った．これは，インナーシティから工場等の経済活動が失われる経済的衰退である．
　1991年にスピタルフィールズとホワイトチャペルを歩いたが，移民労働者を多く見かけ，街角には警察官も立っているなど，物々しい雰囲気であった．図1は，スピタルフィールズにある伝統的な建築様式の住宅が使われなくなり，板で窓を覆って不法に占拠できないようにされており，これはインナーシティの物的衰微である．

図1　スピタルフィールズにおける板で窓を覆われた空き家（1991年）

ジェントリフィケーションの起こる地域
　ロンドン都心周辺部の労働者の多い地域では，専門的な職業に就く中間階級が移り住み，伝統的な建築様式として価値のある住宅が間取りや内装の改修により復興されたり，老朽化した粗末な住宅はコンドミニアムなどの高価な住宅に更新されたりして，**ジェントリフィケーション**が起こった．ジェントリフィケーションがどこで起こっているのか，2001年から2011年までの専門・技術，管理職就業者数の

増減を示した図2を見てみよ
う。500人以上増加したところ
は，シティの近くのイーストエ
ンドや，テムズ川が大きく蛇行
したアイルオブドッグズ，内陸
部のリー川といった小河川と運
河沿いに多いことがわかる。

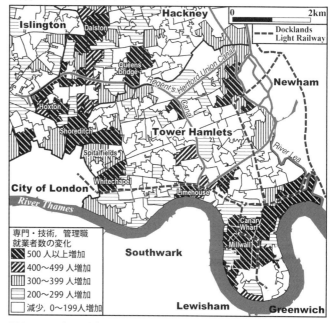

　ロンドンではテムズ川を中心
に，リー川をはじめとした小河
川と，内陸部へ通じる運河の存
在が，電気やガスのエネルギー
関連工場や木材関連業にとって
重要な役割を果たしてきた。水
運がすたれたため，水路に面し
ていた，製材所や木材関連業や
食品製造業などの産業活動が失
われ，それらの工場などの跡地

図2　ロンドン北東部における専門・技術, 管理職就業者数の変化（2001-2011年）出典：藤塚吉浩　2017.『ジェントリフィケーション』古今書院.

は使われないまま放置されてきた。2004年に策定された『ロンドンプラン』では水に恵まれ
たロンドンの特性を見直し，これらの水路の再生とともに，水路沿いにおける低・未利用地の
再利用が目標とされ，ジェントリフィケーションが起こった。

ジェントリフィケーションの影響

　スピタルフィールズでは1970年代になると，不動産開発業者はジョージアン様式の住宅を
買い取り，それら建物を取り壊しから救いたい買い手に売って，ジェントリフィケーションが
起こった。1970年代に買い上げられた住宅は転売され，1990年代初めには数千倍の価格に値
上がりした。タワーハムレッツ区は，1992年からシティチャレンジプログラムを，1997年か
らはシティサイドプログラムを利用して，住宅の再生に取り組んできた。

　図3は2012年のスピタルフィールズのブリックレーンの様子であり，多くの若い人たちが
訪れていることがわかる。1991年の人通りが疎らであった状況とは大きく異なる。背景には，
ブリックレーン近くのショーディッチで創造産業が集積しジェントリフィケーションが発現し

たことや, この地区は「バングラタウン」となり，
ブリックレーンではカレーを提供するレストラン
の増加があった。スピタルフィールズでは，新た
に多くの事業所が流入して賃貸料が上昇し，バン
グラデシュ系の事業所は減少した。ブリックレー
ンのエスニック系レストランや旧市場のマーケッ
トなど観光客向け施設の人気はあるが，地域住民
の多くを占めるバングラデシュ系住民の生活を支
えるものではない。この地区が, どのように変わっ
ていくのか注目したい。　　　　（藤塚吉浩）

図3　若い人たちで賑わうブリックレーン（2012年）

31. 熱帯（熱帯雨林気候 Af）の生活文化

高温多雨な熱帯雨林気候のインドネシアでは人びとはどのように暮らしているのだろうか

> **アクティビティ**
> 1）なぜ熱帯林ではプランテーション開発が急速に進んでいるのか.
> 2）熱帯林に住む人びとの生活はどのように変化しているのか.
> 3）持続可能な熱帯林の在り方をどのように考えていけばよいのか.
> **キーワード**：プランテーション，熱帯林，インドネシア，アブラヤシ，グローバル化

　近年，木材伐採や**プランテーション**の拡大によって世界中の**熱帯林**が失われつつある．こうした事実は日本に住んでいるわたしたちもメディア等を通じて知っているし，持続可能な社会の実現に向けて自らの行動を改める人も増えている．しかし，熱帯林に住む人びとの暮らしや文化について語られることはほとんどなく，その実態について知る人は少ないだろう．熱帯林の消失という深刻な問題に直面している人びとは，いまどのような変化を迫られており，それに対してわたしたちはどのようなアクションをおこせばよいのだろうか．ここでは，熱帯雨林気候がつくりだす特殊な自然環境とそこに住む人びととの関係について考えてみたい．

人と自然のパワーバランスの変化

　皆さんは，熱帯林と聞いてどのようなイメージを抱くだろうか．映画やアニメで描かれる熱帯林は，七色の鳥が飛びまわり，実り豊かな果実に囲まれ，人間と動物がうまく共存している空間として認識されていることが多い．しかし，東南アジアの熱帯林に足を踏み入れてみると，そのようなイメージはみごとに打ち砕かれてしまう．現実の熱帯林はどこまで行っても薄暗く，マラリアといった熱帯病のリスクと常に隣り合わせであり，一歩踏み入れただけで，そこが人間にとって豊かな生活をもたらす空間ではないことに気づく．

　わたしが調査をおこなってきた**インドネシア**のスマトラ島も長きに渡って熱帯林に覆われ，「小人口世界」と呼ばれるほど圧倒的に人口が少ないことを特徴としてきた．一方，16世紀か

図1 スマトラ島のアブラヤシ・プランテーション

らヨーロッパ諸国による東南アジアの植民地化が始まると，スマトラ島の景観は少しずつ変わっていく．特に19世紀後半からはスマトラ島の土壌や気候がタバコやゴム，**アブラヤシ**といった作物の栽培に適していることがわかると，それまで人の侵入を拒み続けてきた熱帯林が次々と切り開かれ，大規模なプランテーション開発が進められていった（図1）．スマトラ島における人と自然のパワーバランスは，**グローバル化**が進んでいく過程で大きく変化していったのである．

熱帯林の消失に関わる人間同士の複雑な関係

　スマトラ島のプランテーション開発は，熱帯林の消失や生物多様性の低下といった環境問題だけでなく，人と人との関係にも様々な問題を引き起こしている．特に大きな問題となるのが土地の権利に関する対立である．上で述べたように熱帯林の人口は極めて少ないのだが，もちろんまったく人が住んでいないわけではなく，河川沿いには小さな集落が点在しているし，丘陵地には焼畑と呼ばれる農業を営む人びとが生活している．彼らが利用する土地は明確な境界線が定められていないため，政府や企業によるプランテーション開発との対立が生じやすい．

土地をめぐる問題はしばしば裁判沙汰にまで発展してしまうし，企業との交渉がうまくいかない場合は住民がプランテーションのゲートを占拠してしまうことさえある。

　一方，プランテーション開発に伴う様々な問題の責任が，すべて企業や政府だけにあるのかと問われると，必ずしもそうではない。もちろん，彼らが担う役割は大きいが，プランテーションは地域経済の活性化につながっていることも事実であるし，そこでの仕事を頼りにしている人もたくさんいる。プランテーション開発の問題は，必ずしも「政府・企業vs地域住民」といった単純な図式で捉えることのできない複雑さを抱えているといえよう。

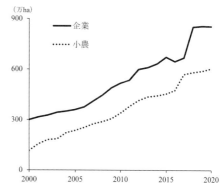

図2　インドネシアにおける企業と小農のアブラヤシ栽培面積の推移
出典：インドネシア農園作物統計より

図3　ある小農が経営する小規模プランテーション

一攫千金の夢を求める「小農」

　熱帯林のプランテーション開発における人と自然との関係は，ローカルな現場に目を向けると別の側面も見えてくる。わたしが調査をおこなっているスマトラ島では，パーム油という植物油の原料となるアブラヤシのプランテーションが拡大しているのだが，そこには企業だけでなく「小農／スモールホルダー」と呼ばれる小規模なプランテーションを経営する人びとが存在する（図2）。こうした小農は一般的な農家だけでなく，外部から移住してきて土地を切り開いた人たちや，投機的な目的で土地を買い集める都市部のお金持ち，あるいは休日に農作業を行う村役場の職員や学校の先生なども含まれており，その実態はとても多様である（図3）。

　アブラヤシは「金のなる木」とも呼ばれるほど儲かる作物であり，小農たちは常に新しい農地を開拓し続けている。こうしてみると，小農も企業と同じく熱帯林を破壊し，伝統的な生活を営む人びとの慣習や文化を奪っているといえるのかもしれない。プランテーション開発にまつわる人と自然の関係，あるいは人と人の関係はとても入り組んでいて，その結び目をほどくことはとても難しい作業であるといえよう。

「持続可能な熱帯林」の在り方を考える

　スマトラ島のプランテーション開発はグローバルな流通ネットワークに大きく依存しており，わたしたち消費者もこうした複雑なシステムの一端を担っていることに気づかなければならない。それでは，わたしたちは熱帯林における人と自然との持続的な関わり方をどのように考えていけばよいのだろうか。その1つのヒントとして，2004年には「持続可能なパーム油のための円卓会議（Roundtable on Sustainable Palm Oil: RSPO）」という国際的な話し合いの場が設けられた。ここでは，政府，企業，NGO，研究者，小農，消費者などが一同に会し，持続的なアブラヤシ・プランテーション開発について議論している。わたしたちにできることとして，まずはこうした取り組みをインターネット等で調べていくことから始めてみるのも良いだろう。

（小泉佑介）

32. 亜熱帯（サバナ気候 Aw）の生活文化

雨季と乾季が明瞭に分かれるサバナ気候のカンボジアでは人びとはどのように暮らしているのだろうか

> **アクティビティ**
> 1) 雨季と乾季の交代は，環境にどのような変化を生みだすのだろうか.
> 2) 洪水や氾濫には悪い面と良い面があるが，どのようなものだろうか.
> 3) 住民の生活は，雨季と乾季の交代にどう対応しているのだろうか.
> **キーワード**：台地，サバナ気候，雨季，乾季，洪水，氾濫原，稲作，商品作物

　世界遺産として有名なアンコールワット遺跡群の1つアンコールトム遺跡には，浮彫が施された石の壁が立ち並ぶ。浮彫では，王に拝謁する民衆や，象に乗って弓矢を放つ戦士の姿が良

図1　アンコールトム遺跡の浮彫

く知られるが，大小様々な魚も目を引く（図1）。それらの魚はトンレサープ湖に生息していたものだろう。東南アジアのインドシナ半島にあるカンボジアの中央部は平たい皿状の地形であり，その中心がトンレサープ湖である。遺跡群は，湖の北西の**台地**上にある。台地といっても海抜40mほどの低いもので，湖からの傾斜は非常にゆるやかだ。この湖はかつて，世界有数の淡水魚の宝庫として知られた。

サバナ気候とメコン川からの逆流水

　サバナ気候のカンボジアでは，**雨季**と**乾季**が明瞭にある。雨季は大体5月から11月で，8月から9月には午後に通り雨がよくある。1日中雨が降ることも多い。12月から4月頃が乾季である。乾季が本格化する1月以降は乾いた大地から土埃が舞い上がり，外出先から帰宅したときに顔をこすると，指にべっとりと土がつく。

　このトンレサープ湖は，雨季と乾季で面積を大きく変える。トンレサープ湖の流域面積をつくる周囲の台地やその先の森林地帯に降った雨は，地表を流れて湖に集まる。湖は，そこから流れでるトンレサープ川を介してメコン川とつながっている。メコン川は，中国からタイ，ラオスを経て流れ下る大河である。乾季のトンレサープ湖の水は，トンレサープ川に集まり，メコン川に注ぐ。一方，雨季にメコン川の水位が上昇すると，その水がトンレサープ川に逆流して湖へ流れ込むようになる。

　すなわち，流域面積への降雨とメコン川からの逆流水を受けて，トンレサープ湖の周囲の平地は雨季に，広く水に覆われる。そのようにして，雨季の湖の面積は乾季の3倍以上に拡大する。湖の中央は1年を通して水を湛えている。その周囲の空間は，雨季にのみ現れる一時的な水域，つまり浸水域なのである。この浸水域にはもともと，自然の灌木や草地が広がっていた。そして，魚にとって絶好の産卵と生育の場所となっていた。

洪水と氾濫の恵み

　雨季に生じる**洪水**と氾濫は，人びとの食を支えた。水深が数十cmの**氾濫原**では，主食の米を生産する**稲作**が行われた。水が深い場所では，2m以上に生長する浮稲と呼ばれる稲が栽培された。乾季に入って水が減り始めると，浸水域で大きくなった魚は点々と残った沼に集まる。そして住民が，それを狙って漁をした（図2）。サバナ気候が生みだしたトンレサープ湖の特

徴的な生態環境は，住民の生活に欠かせない宝だった。

　トンレサープ湖の恵みは，湖から遠く離れた場所に住む人びとの生活も支えた。乾季に入ると，メコン川の水位が下がる。それを受け，トンレサープ川の水は雨季と逆方向に流れを変え，メコン川に注ぐようになる。すると，生長した魚群がメコン川を目指して移動を始める。その習性を知っている住民は，トンレサープ川に大規模な梁をつくり，短期間に大量の魚を水揚げした。そこには，遠方に住む稲作農

図2　乾季のトンレサープ湖の浸水林に残った沼での漁撈

民も集まり，収穫した米と魚を交換し，副食や調味料として大切な塩辛や干し魚を仕込んだ。

変化する洪水・氾濫とのつきあい方

　日本では，暴れる川を治め，居住地を守り，耕地を潤すための治水技術が昔から発達してきた。それでも，山崩れを起こすような集中豪雨が生じさせた外水氾濫による大きな被害が毎年のように報告される。さらに，セメントで地表が固められた住宅街では，排水が追いつかず，内水氾濫が生じる。このような状況で，洪水や氾濫という言葉に，破壊的な，悪い印象を抱くことは当然である。しかし，サバナ気候の下にあるカンボジアの人びとにとってそれは，生存を支える大切な自然現象だった。

　ところが，トンレサープ湖周辺の住民からは近年，魚がまったく獲れなくなったという声があがっている。魚類資源の減少の原因は複数考えられるが，稲作の拡大がその1つである。地域の人びとが営む稲作はもともと自給目的だった。しかし最近は，**商品作物**としての栽培が拡大し，乾季に市場向けの稲作を行う農家が増えた。そのため，トンレサープ湖の周囲に広がっていた浸水林に，大面積の水田が新たに造成された（図3）。市場経済の浸透が，魚の産卵と生育の場所であった土地の環境の変化を推し進めているのである。

　さらに，トンレサープ湖の雨季の増水の範囲が，以前と比べて小さいという声もある。因果関係の検証は今後の課題だが，電力供給や農業用水の確保を目的としてメコン川とその支流につくられたダムが，従来の水の流れを変えてしまったという意見がある。工業の振興や都市の人口を養うために，電力や食料を生産する必要性が高まったことが，サバナ気候の特性を生かして人びとの生活を支えてきたトンレサープ湖の生態条件を変えつつある。

　環境の特性を利用した生活から，近代的な技術によって環境そのものを変えてしまおうという人間活動への転換は，普遍的な現象である。トンレサープ湖の恵みの持続的な利用と，社会の近代化を両立させるための知恵が求められている。

（小林　知）

図3　トンレサープ湖東岸コンポントム州の浸水林の様子．浸水域に乾季稲作の水田が造成されている．
（Google Earth，2021年1月10日撮影画像）

33. 温帯（西岸海洋性気候 Cf）の生活文化

季節の変化に富んだ温帯のフランスでは人びとはどのように暮らしているのだろうか

> **アクティビティ**
> 1) 都市住民が農村に移住する動機の背景には何があるのか考えてみよう.
> 2) フランスと日本の農村移住にはどのような違いがあるか考えてみよう.
> 3) 観光が農村に与える影響には何があるのだろうか.
> **キーワード**：フランス，郊外化，ヨーロッパ連合（EU），CAP（共通農業政策），付加価値，観光，エコツーリズム，過疎

　ヨーロッパでは，騒音や汚染などによる都市の住環境の悪化が進む一方，住む場所としての農村が再評価されていることを背景に，都市から農村への移住が進展してきた。これらは都市の影響圏の拡大や田園での生活の質を求める人びとによって，西ヨーロッパや北米などの先進国農村で広くみられる現象となっている。こうした人びとの居住地移動の背景やその具体像はどうなっているのだろうか。ここでは，季節の変化に富んだ温帯の**フランス**を事例に農村移住の実態についてみてみたい。

西ヨーロッパにおける農村移住の展開

　ヨーロッパ農村は，産業化による農村手工業の衰退，若年層の流出，人口の高齢化を背景とし，19 世紀後半以降，大きな人口減少を経験してきた。特に，第二次世界大戦後の復興期から 1990 年代にかけては，ヨーロッパ農村から最も人口が減少した時代とされる。しかし，西ヨーロッパでは農村の人口が再び増加へと転じている。これは，都市からの農村への人口逆流現象として「反都市化」とも呼ばれている。

　とりわけ 1980 年代の後半前後は，**郊外化**の影響が周辺農村に強く影響するようになった時代であり，「田園都市化」すなわち都市へ通勤しながら環境や景観の良い郊外農村に移動する中流階級が増加した。彼らの多くは子育て世代の夫婦であり，また教育水準の高い層である。夫婦で別々の仕事をする彼らの移住によって，農村に農業のみならず民宿経営，教員，行政職，医者，建築家など様々な職種がもたらされた。さらに，1990 年代後半〜 2000 年代以降になると，遠隔地の農村においても人口増加が統計に表れるようになり，ベビーブーマーの大量退職に伴う農村移動やライフスタイルの変化によって移住の多様化が進んでいる。

移住の動機と方法

　フランスの農村移住者への大規模調査（2017 年調査）によると，農村移住者のうち 35 歳以下の割合は 38 ％に上る一方，55 〜 70 歳の割合は 28 ％であり，若年世代の移動が多いことがわかる。移住者たちの動機は，「住まいと生活の質」（31 ％），「自然の近くへ」（29 ％）が上位であり，とりわけ「静けさ」（59 ％），「広い住居と庭」（46 ％）が重視される。また，フランスの都市での住居は基本的に集合住宅となるため「一戸建に住む」（58 ％）ことも大きな動機の 1 つである。フランスの農村移住者のなかで人気の不動産は，築 100 年〜 200 年といった古い農村家屋であり，新築物件よりも安い相場でこれらを購入し，住居の内装や外装を自らの手で少しずつリフォームし，2 〜 3 年をかけて段階的に移住するケースがしばしばみられる。家屋のリフォームやリノベーションを自ら行う文化のあるフランスでは，遠隔地の山村であっても必ずホームセンターが存在し，仕事のかたわら退勤後や週末の時間を利用して自主改修する

ことが人気であり，彼らの楽しみにもなっている（図1）。

移住者の前住地は県内や隣県の比較的近接している地域が多く，村の雰囲気や村長による今後の方針など，友人や知人からの口コミや紹介の情報をもとに移住を決めているものも多い。インターネットから得られる情報だけではなく，ローカルな場所で人間を介して得られる情報がフランスの農村移住者にとって重要とされている。

図1　自主リフォーム中の元農家の家

農村移住の背景にあるもの

農村に移住する場合，大きな障壁となるのが仕事の問題である。フランスにおける地方移住者の職業選択には農業部門に就農，小規模な商店・サービスの開業，場所に縛られない職種であること（IT関連やアート制作等）などが考えられる。しかし，より大きな移住の誘引条件にあるのは，地方における公務員職の雇用機会の多さである。フランスでは医療や介護，薬剤師なども公務員に分類されるほか，国の出先機関や派出所が地方にも多く立地しており，こうした仕事先の存在が移住者の職業選択において重要な役割を果たしている。

一方，農業への就農については日本と同様でハードルが高いのが現状である。フランスでは，**ヨーロッパ連合（EU）の CAP（共通農業政策）**によって，大規模農業や企業的農業への政策的な優遇が進み，補助金政策の対象となるような規模の農業経営が新規就農者にも求められるようになっている。そのため，農村移住で就農する場合は法人経営に就職するほか，小規模経営であっても有機農業や農産物加工などの**付加価値**をつけた農業のほか，農村民宿などの**観光**の導入，地域マルシェやインターネットでの販路開拓といったように，経営の安定化にはかなりの工夫が必要である。

フランス人の農村移住の背景には，人びとが抱く農村への憧れや良好なイメージの存在もある。それは，義務教育にて農村での体験やプログラムが組み込まれてきたこと，国民の農村セカンドハウス・別荘所有率の高さなど，幼少期より農村で過ごしたフランス国民の個人的体験が影響している。また，長期休暇（バカンス）の行き先として，かつては安っぽい休暇先とされていた農山村の観光も，**エコツーリズム**やルーラルツーリズムの発展とともに見直され，**過疎**の進む地域においても農村の貸別荘や滞在先が立地し，むしろ観光客の少ない静かな滞在先として注目されていることも移住を後押ししている（図2）。多様な移住者を受け入れてきたフランス農村の背後には，農村に魅力や価値を見出す人びとの存在があるといえる。　　　　　　（市川康夫）

図2　遠隔地にある農村家屋の民宿

34. 乾燥帯（砂漠気候 BW）の生活文化

雨の少ない乾燥帯のナミビアでは人びとはどのように暮らしているのだろうか

> **アクティビティ**
> 1) ナミビアの乾燥地の自然環境は，どのような特徴があるだろうか．
> 2) ナミブ砂漠に暮らす人びとは，食糧資源をどのように手に入れているのだろうか．
> 3) 昔ながらの暮らしは，どのような点で変化しているのだろうか．
>
> **キーワード**：砂漠気候／砂漠気候区，乾燥帯，牧畜，ワジ（かれ川），先住民（族）

　温帯に位置する日本に暮らしていると，乾燥帯での暮らしはなかなか想像し難い．とりわけ，**砂漠気候**のように雨がほとんど降らない地域では，人びとはどのように暮らしているのだろうか．**乾燥帯**は，降水量の少なさによって特徴づけられるが，そのような気候条件は形成される地形や植生などにも作用し，独特の生態系が成立している．そして，そのような自然環境に適応した人びとの生活文化がみられる．本章では，南部アフリカの乾燥帯に位置するナミビア共和国に暮らす牧畜民トップナールを事例とし，砂漠気候での暮らしについて**牧畜**の方法などを中心に紹介する．乾燥帯の自然環境や彼らの生活文化の特徴を理解し，そうした生活がどのように変化しているのかを考えてみよう．

南部アフリカの乾燥帯の分布と自然環境の特徴

　ナミビアという国の位置を地図帳で探してみよう．アフリカ大陸南部の西側に位置するナミビアは，大西洋に沿ってナミブ砂漠，隣国のボツワナに続く内陸部にカラハリ砂漠が分布している．なぜ，この地域には**砂漠気候区**が分布し，砂漠が形成されているのだろうか．砂漠は主な成立要因に応じて，亜熱帯砂漠，雨陰砂漠，冷涼海岸砂漠，内陸砂漠の4種類に分類される．ナミブ砂漠は，大西洋を南極側から流れてくる寒流（ベンゲラ海流）の影響を受けて成立する冷涼海岸砂漠である．つまり，寒流によって地上付近の大気が冷やされることで上昇気流が発生しにくくなり，雲ができにくく雨が少なくなっているのである．一方，海岸沿いでは霧が頻繁に発生し，ナミブ砂漠に生息する動植物に水を供給している．

　ナミブ砂漠には，複数の**ワジ**（**かれ川**，季節河川）が分布している．ワジとは，普段から水が流れている川ではなく，大雨が降ったときにだけ水が流れる川のことで，過去から現代にかけての気候変動や地形形成の過程でつくられてきた地形である．ナミブ砂漠の場合，上流部の内陸側では砂漠が広がる海岸部よりも雨が多く，上流で大雨が降ったときに，砂漠のなかでもワジに沿って水が流れることがある．ワジにはアカシアなどの樹木が生育し，場所によってはゾウやキリンなどの大型哺乳類が生息している．ナミブ砂漠は独特の生態系が成立し，ここにしか生息していない動植物の数も多い．

ナミブ砂漠に暮らす牧畜民

　ナミビアには多数の民族が暮らしている．ここでは，ナミブ砂漠に暮らしているトップナールという**先住民**の暮らしを紹

図1　ナミブ砂漠の砂丘と季節河川

介したい。彼らは主にクイセブ川という
ワジに沿って複数の集落をつくって暮ら
している牧畜民である。

　トップナールの人びとは，主にヤギを
飼養する牧畜を主生業として生計を立て
ている。砂漠気候の環境で牧畜を営むた
めには，人びとや家畜の生活用水や家畜
の餌となる資源の確保が必要となる。トッ
プナールの人びとは，どのようにこれら
の資源を手に入れているのだろうか？

　砂漠の中で水や植物を得られるのは，
地下水位が高く，湧水などがみられるオ

図2　季節河川でのヤギの放牧

アシスである。彼らが暮らすワジの河床は，一年を通じて地下水位が高く，湧水のある場所も
みられる。ナミブ砂漠のなかで，ワジはいわば“線状のオアシス”なのである。

　このようなワジは，牧畜民の生活の場となり，また家畜を放牧させる生業の空間でもある。
クイセブ川には，樹高 10 m を越えるようなアカシアの木が多数生育している。トップナール
の人びとは，ヤギを河床で放牧し，アカシアの葉や実を食べさせる。また，地下水位が高い場
所で井戸を掘り，家畜に水を飲ませる。近年では，飲料水のための井戸を掘削する事業や霧の
水をネットで集めて生活用水に利用するプロジェクトが進められ，集落の中でも水が得られる
ようになっている。

　ナミビアの先住民の社会は，ドイツの植民地時代であった 19 世紀後半から植民地支配の影
響を強く受けてきた。その頃に発達した海岸部の商業都市ウォルビスベイでは，先住民が半ば
強制的な賃労働に従事させられてきた。1990 年にナミビアが独立した後も，このような都市
部で就労する人は多く，人びとの暮らしが変化している。

ナラメロンの採集活動

　トップナールの人びとは，牧畜と共に野生の植物の採集なども併せて行い，一年を通じて食
糧資源を入手している。野生の植物のなかでも，彼らが特に重視しているのは，現地語でナラ
とよばれる多年生草本の果実である。メロンのような果実なので，“ナラメロン”とよばれる
こともある。ナラメロンを採集する場所は，クイセブ川の河口部である。実がなる時期になる
と，人びとはロバの車に乗って河口部にいき，
大量の果実を採集する。また，種には油脂分
が含まれているため，彼らは種を搾って油を
つくる。近年では，ナラの種から搾った油を
化粧品に加工して販売するプロジェクトが，
グローバル企業などが関わって進められてい
る。現金経済の浸透にともない，車を持つ人
が増え，集落での生活に都市で購入した日用
品が利用されるなど，トップナールの暮らし
は変化しつつある。　　　　（藤岡悠一郎）

図3　ナラメロン（左）とその調理（右）

35. 亜寒帯（高地地中海性気候 Ds）の生活文化
山地乾燥帯のパミールの人びとはどのように暮らしているのだろうか

アクティビティ
1) パミールはどんなところなのだろうか.
2) 途上国の山地乾燥帯の人びとは何をして暮らしているのだろうか.
3) 貧困なパミールの人びとの生活を持続可能にするために，地元の人たちやわたしたちにはどのような取り組みができるのだろうか.

キーワード：極度の貧困，ヒツジ（羊），移牧，乾燥帯，移動式住居，環境問題，持続可能な社会

　1991 年にソビエト社会主義共和国連邦（ソ連）が崩壊し，パミールの中核部に位置するタジキスタンとキルギス（図 1）が独立した．それ以降，パミールでは貧困が極度に進行した．この地域の貧困には政治体制の劇的な変化が大きく関係している．こうした**極度の貧困**の状況におかれたパミールの人びとにとっては，家畜が最大の財産であることが多い．彼らはもともと遊牧民であったが，1920 年代頃から定住化が進みはじめて，いまでは冬には自宅周辺でヤクやヒツジ・ヤギを放牧し，それ以外の季節には放牧場所を変えながら家畜を飼う，いわゆる**移牧**を行っている．以下では，パミールの自然を概観したうえで，家畜の移牧を通した生活についてみてみる．

パミールの自然環境

　パミールはパミール高原と呼ばれることが多いが，実際に高原状の地域は図 1 に示したムルガブやアリチュールなどの東部に限定されていて，全体としてはいくつもの山脈からなる大きな山地帯となっている．このため，本来，パミールを高原と呼ぶことには大きな問題がある．パミール東部の高原状の地域では，年降水量が 100 mm にも達しない．したがって氷河の融け水があつまるところだけに局所的に草地が広がる．一方，最高峰イスモイル・ソモニ峰（7,495 m）をはじめとする 6,000 〜 7,000 m 級の高峰群で特徴づけられる北西部では相対的に降水量が多

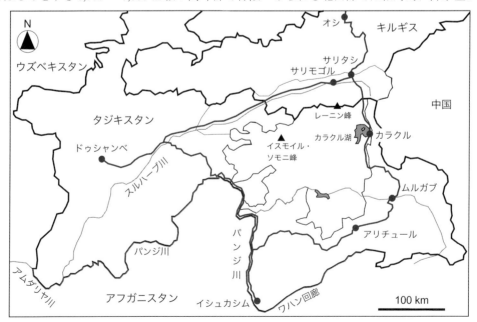

図1　パミールの位置（おおまかに，この図の東半分がパミールに相当）

く，長大な山岳氷河が広がっている。

　パミールは**乾燥帯**に位置しているため，低所の谷底を除くと農業に適さないところが多い。3,000 〜 3,100 m 以上の地域は，乾燥に加えて気温が低すぎることから耕作限界を超えている。そこでは限られた量の草に依存した家畜の**移牧**がほとんど唯一の生業となる。

パミールの人びとの暮らし

　放牧地では，**移動式住居**に滞在しながら家畜を飼う（図2）。冬に低所の集落で過ごし，春と秋には集落から少し高い場所で家畜を放

図2　移動式住居とヒツジ・ヤギの放牧の様子

牧し，夏には最も高所の放牧地に移動するのが，世界各地でみられる典型的な移牧である（これを垂直移牧と呼ぶ）。パミールでは垂直移牧だけではなく，水平方向に移動する水平移牧（アフリカなどで見られる水平移牧とは異なり，移動距離が極めて小さいことが特徴）や，村の周辺で毎日放牧をするシステムがあり，多様な形態の放牧が発達している。

　垂直移牧や水平移牧では集落から離れた場所に滞在するため，電気も水道もない厳しい生活が強いられる。それでも，気候条件が厳しすぎて農作物が育たないこの地域では，家畜を育てて売ることでしか生きていくことができないのである。

タジク国立公園に住むキルギス民族

　カラクル湖の東にカラクルという小さな村がある。標高 3,715 m のこの村の住民のほとんどは，いわゆるタジキスタン人ではなくキルギス人である。この村の人たちはタジキスタンの通貨ではなくキルギスの通貨を好んで受け取る。それは最寄りの都市がキルギスのオシだからであり，また伝統的にキルギスのサリモゴル村と強い経済的な関係をもっているからである。タジク国立公園に住む牧民たちは，国境を越えてキルギスのサリモゴル村にヒツジ・ヤギを売りに行く。ところが国境を越えた家畜の売買が法律で禁じられたため，家畜の持ち主たちは国境警備隊に見つからないように夜中に 4,300 m 以上の稜線を越えて，家畜と一緒にサリモゴル村まで歩かねばならない。

パミールに住む人びとの生活の持続可能性

　タジキスタンやキルギスの人びとの生活にとっては，いまの国単位の概念よりもパミールという広域の概念の方が適しているのかもしれない。

　同様のことは野生動物の保全についても言える。国境を理解できない野生動物は生存のために国境を越えて移動する。絶滅のおそれのあるアルガリ（別名マルコポーロ・シープ）をはじめとする野生動物は，生物多様性の維持に不可欠であるだけでなく，将来のエコツーリズム導入によるこの地域の持続可能性を高めるためにも重要な資源となる。

　このため，パミールという国境を超えた広域での**環境問題**への取り組みが重要になり，そこに住む人びとの権利を守り，**持続可能な社会**を構築する点でも国境を越えた取り組みが求められることになる。

（渡辺悌二）

36. 亜寒帯（亜寒帯冬季小雨気候 Dw）の生活文化

厳しい寒さのシベリアで人びとはどのように暮らしているのだろうか

アクティビティ
1) 極寒地で人類はどのように食料を得ることができるだろうか.
2) 先住民族は伝統文化と現代文明のバランスをどのように取っているだろうか.
3) 気候変動は高緯度地帯にどのような影響をもたらしているのだろうか.
キーワード：シベリア，タイガ，ツンドラ，永久凍土，先住民（族），トナカイ

ツンドラ調査でキツかったのは，スノーモービルで零下30度の中を4時間かけて移動した時だった。樹木ない荒原のなかで強風に長時間さらされることは凍傷の危険もあった。その時

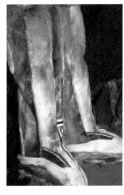

図1 トナカイの脚部分の毛皮を貼り合わせて制作されるブーツ（ネネツ文化）

に実感したのはネネツ人の民族衣装がいかに優れているかであった。トナカイ毛皮を二重にしたブーツの保温力は極めて優れており，信じられないことに末端の足先は凍えなかった（図1）。

シベリア寒気団という語に象徴されるように日本の北西に広がる北ユーラシアは寒冷で広大である。東アジアの大部分は稲作が可能で，北上すると畑作となり，さらにモンゴル牧畜民の暮らすステップ＝草原が広がる。**シベリア**は，その北の針葉樹林である**タイガ**と，北極海と面した**ツンドラ**と呼ばれる地衣類が生育する湿地帯から構成される。零下71.2度を記録した北半球の寒極が含まれ，また**永久凍土**が広く分布し，人類が暮らす地球のなかでもっと寒い場所である。

先住民族

シベリアはロシア連邦の地方行政単位名であるが，同時に16世紀以降の植民地化が始まる以前から，多くの民族が暮らしてきた地域名でもある。シベリアの人口は現在，約4千万人であるが，9割以上はロシア人などの移民である。それ以外には，エヴェンキ人，チュクチ人，ブリヤート人など40以上の民族がいる。その多くは東アジア人と同じような顔つきをしている。人口は数千から数十万人と少ないが，その言語はフィン語系・トルコ語系・モンゴル語系・ツングース語系・古アジア語系等に分かれる。これは様々な言語集団による民族移動の歴史を示している。

先住の人びとは帝政ロシア時代から民族自治の権利を求め，20世紀以降は限定的に実現してきた。現在のロシアでは，民族の人口が5万人以下の場合，先住少数民族という法的地位が与えられ，言語・文化・土地権などに配慮がされている。それ以上の人口の場合，連邦内に民族共和国が形成され，その民族の立場を考慮した地方自治が行われている。

国連によれば世界の**先住民族**の人口は4億7,600万人以上おり，90カ国以上に暮らしている。その言語数は7,000語とも言われており，独自の文化を継承しながらも，現代社会のなかで暮らしている。

トナカイ遊牧

シベリア先住民は，言語的・文化的に多様であり，民族アイデンティティも異なっている。しかしながら，**トナカイ**を利用する文化をもつという点は共通している。トナカイは寒冷環境に適応した大型哺乳類で，ユーラシアと北米北部に分布している。トナカイは衣食住の素材

として，また神話・宗教・世界観にも重要な役割を果たしてきた。異なる言語・文化的背景をもつ集団であっても，共通する環境によって類似する文化を作り出す典型例といえる。特に農耕がほとんどできない極寒地では，狩猟・漁撈に加えて，家畜トナカイ牧畜が生活文化の基盤をつくってきた（図2）。

図2　トナカイ橇で移動するエヴェンキ人の兄妹

家畜トナカイは，騎乗・積荷・橇牽引などに利用する一方で，肉・内臓等は食料となる。なかでも脂身は極寒のなかでも体をすぐに温めてくれる。毛皮は上着とズボンに仕立てられる。脚のすね部分の毛皮を縦に縫い合わせて作られる毛皮ブーツは抜群の保温性がある。ブーツの底にはトナカイの尻の毛皮が縫い合わせられる場合が多い。これは滑り止めにもなっている。靴底がないと濡れるのではと思うかもしれないが，零下10度を下まわると外は雪氷の世界であり，融けた水はない。先住民の多くは定住村落にある木造家屋やアパートで，我々と変わりのない生活をしている。しかし職業としてトナカイ牧畜を行う人びとは，村を離れて，群れとともに遊牧生活を送る。このときに伝統的な知恵や技術は単に生存だけでなく快適な暮らしに必要なのである。

気候変動

自然科学者は地球温暖化がシベリアを含む高緯度圏に最も顕著に表れることを指摘している。読者のなかには，住民が気温上昇を歓迎すると思われるかもしれない。しかしながら温暖化は，降水量の変化や，永久凍土や氷河などの融解などを引き起こし，現地の生態系にも大きな影響を及ぼすのである。地域によって湿潤化や乾燥化が出現するが，前者の場合，雪解け洪水が発生し，後者の場合森林火災が頻出している。

中でも重要なのが永久凍土である。氷が融けると，その固体部分が支持していた地面が陥没し，土壌崩落が発生するからだ。2020年にシベリアのノリリスクで油流出事故が起き，地域環境に被害を与えたが，これは永久凍土が融解したことで，燃料タンクの支柱が支えられなくなったことが原因である。また凍土のなかには古い病原菌が凍結されている場合もある。2016年に西シベリアのツンドラで家畜トナカイ数百頭と先住民の家族2名が亡くなった。温度上昇で融けた凍土から出土した猛毒の炭疽菌に感染したことが原因だった。永久凍土には温室効果ガスの1つであるメタンが大量に閉じ込められており，これが放出されると地球の温暖化が加速することが懸念されている（図3）。

シベリアの気候変動は，長期間にわたり寒冷環境に適応した先住民族の文化，地域社会の災害や健康，さらに気候システムを通して地球全体にまで影響が及んでいる。

（高倉浩樹）

図3　永久凍土が融解し凸凹になった地面

37. 植民地主義

植民地統治の歴史はどのように記憶されるのだろうか

　台湾は 1895 年から 1945 年まで日本の**植民地**支配を受けた．中部地域には現在「忠義祠」という小祠があるが，その一帯では，台湾平定のために派遣された日本軍と現地民との戦いにより，多くの現地民が亡くなった．しかし，1934 年に出版された書物には，この祠で信仰されている神は，当地で戦死した日本の軍人が中心で，亡くなった現地の人びとも含むと記されていた．日本軍人が現地で台湾の人びとに神として祭祀されている状況を，皆さんはどう感じるだろうか．しかも，台湾には，ここ以外に，日本の軍人や警察官を神として祀る施設が 50 カ所程度あることがわかっている．戦後既に 80 年弱がたった今日，**旧宗主国**を象徴するような軍人や警察官などを神として拝むことをどう理解すればいいのだろう．そこで，植民地における支配された歴史の記憶について考えてみたい．

同じ文化圏の中での文化のズレ

　前近代の日本は中国文明を先進的，あるいは洗練されたものとして学んできた．したがって，日本と台湾では，育んできた文化には似たところがあった．そこで，日本は台湾を統治する際に，日本語教育を強力に推し進めたが，漢字という共通点があったため，現地の人の中には比較的素早く日本語教育に適応でき，西洋近代的な知識を身に着けたエリートも出現した．また総督府は，改姓名制度を作り，日本に同化した人たちに対しては，日本姓を名乗ることを「許可」した．

　しかし，同じ漢字を使っていても，そこに込められた文化的な意味は同じとは言えない．例えば，中国式の姓には日本とは異なる祖先からの系譜観念が刻み込まれている．そこで，台湾の人びとは，日本名に変える際に，自分たちの文化を保持するための工夫をした．例えば黄さんのうち，日本姓に変えた人の中には，黄の字が入った廣田さんにする人がいた．陳さんは東さんに，張さんは長田さんになど，いろいろな工夫を凝らして，日本人化を推し進めようとする日本側の圧力に対して微細な抵抗を試みた人たちもいたのだ．

　神の意味も日本と台湾で異なる点もある．日本人からすると，支配者だった日本人の英霊が台湾で神になったのだから，日本人が神のように尊敬されたと考えがちだ．ところが，彼らの**土着宗教**に則して考えると，別の神の在り方が見えてくる．例えば，戦死，他殺，自殺など，いわゆる畳の上で死ねなかった人の霊魂は祟ると考えられているため，丁重に祀らないと祟られる．だが，祀っているうちに霊験あらたかになったものを，神ともいうのである．つまり，忠義祠で祀ったのは一歩間違えば祟りかねなかった霊魂なのだ．

記憶の操作や変容

　しかし忠義祠の祭神が日本人であったことは, 他にも理由がある。筆者が現地で聞いた話では, もとは日本軍に抵抗した義士を祀っていたが, 植民地政府に反日と疑われたので, 祭神を討伐した側の日本人中心に変えたという。ただ, 表面上祭祀対象を変えても, 彼らにとっては祟りを及ぼしかねない霊魂を慰撫するという目的自体は変わっていない。興味深いのは, 祭神が今日ではまた抗日義士に戻っていることだ。敗戦国の旧宗主国の軍人を祀ることは, 戦後の新しい政府から咎めだてられる危険性があったためらしい。

図1　聖軍爺

　しかし, 逆の意味で興味深い事例もある。「聖軍爺」(図1) という神は, 戦争中に米軍の爆撃で死亡した日本の軍人たちの亡霊が夜な夜な現れたので, 神像が作られたという。ところが, 中華民国政府が旧宗主国の人間を祀ることを許さなかったので, 植民地下で従軍し, 東南アジアで亡くなった台湾人の無数の霊魂を祀っていると釈明したという。ところが, 今ではまた日本軍人を祀っている。日本時代, このあたりにいた日本人と台湾人との関係は良好だったという記憶が, 今日祭神が日本人に戻ったことを下支えてしている。

　最近では, 日本人が神になった祠の外観が日本風になったり (図2), 日本風の神輿を祭の時に練り歩かせたり, 日本風のお守りや絵馬が売り出されたりしている事例もあり, 台湾の人たちが日本の文化を楽しんでいる様子が見られる。台湾における脱植民地化は, 当初は中華民国政府主導で日本語や日本文化を排除する形で進められてきたが, 今日では, 民衆が主体となって, 日本に由来するものを**観光**や消費文化の中に位置づけている。

図2　保安堂. 日本風の外観と神輿 (原英子撮影)

支配された者の記憶と支配者の記憶

　しかし, 日本人を祀ることが, 当時の日本支配の良しあしの評価と直結しているわけではないことを再度確認したい。重要なことは, 記憶の語りとは, 語られる時点における基盤によって変容するということだ。忠義祠の神にしても聖軍爺にしても, 信者たちは日本統治時代経験者が語る日本時代と, 戦後, 日本が敵視され, 日本時代とは異なる政治経済状況を生きてきた体験とを参照しながら, 今日の視点から過去を捉え直している。

　台湾の人びとの複雑な植民地支配に対する記憶を, 簡単に「台湾人は親日だ」という通説に還元する前に, わたしたち自身も, 他者を支配した歴史を都合よく書き換えていないか, 彼らの視点を踏まえつつ, 考えてみてもいいのではないだろうか。そして, 他者に支配されるということが, どのような意味を持つのか, もう少し想像してみてほしい。

　世界の多くの国は, かつて植民地支配を受けた。日本と台湾以外の他の旧被支配地域でも, また, 戦勝国の植民地だったところでも, 旧宗主国の側の忘れっぽさと旧植民地の人びととの複雑な思いがすれ違っていたりズレたりしていることは十分考えられそうだ。　　　　　(三尾裕子)

38. 民族問題・民族紛争

深刻な対立や衝突は民族が違うから生じるのだろうか

> **アクティビティ**
> 1) 民族という語からどのような集団をイメージするだろうか.
> 2) ある民族紛争が発生した歴史的経緯を調べてみよう.
> 3) 民族紛争を解決するために必要な知恵や取り組みとは, いかなるものかを考えてみよう.
>
> **キーワード**：民族紛争, 民族, 資源, 国境, 遊牧, 植民地

　1990 年前後に冷戦が終結した後, 世界各地でさまざまな規模の**民族紛争**が発生した. メディア報道では, **民族**間の文化や価値観の違いが争いの原因であるかのような説明がよくなされる. とくに, アフリカで発生した紛争はしばしば「部族紛争」と呼ばれ, あたかも現代の政治や経済の動きとはかかわりなく発生している争いであるかのように描かれる傾向がある. だが, 多くの地域で異なる集団が長く共存してきた歴史を考えれば, 差異の存在それ自体がつねに暴力的な衝突をまねくわけではない. 「民族紛争」の実態に接近するためには, 民族という集団範疇が歴史的にどのように形成されてきたのか, そして, いかなる力学のもとで民族間に対立が生じ, それが激化していくのかを知ることが不可欠だ.

つくられた民族

　民族とは, 言語や生活様式, 帰属意識をある程度共有する集団と定義される. 民族は, 固有の歴史と伝統を有しており, 後天的には変更が不可能な帰属先として言及されることが多い. これは「本質主義的」な民族のとらえ方と呼ばれる. だが, このような集団範疇のあり方は, 近代以降に形成されてきたものと考えたほうがよい.

　例えば, アフリカ大陸の民族分布が現在の形に固定化したのは, 19 世紀後半以降の植民地時代である. それ以前から, 人びとは集団単位で共同生活を営んでいたが, 民族間の境界はゆるやかで, 複数の民族に同時に帰属したり, 民族の帰属を変更したりすることは珍しくなかった. また, 民族間の交流の過程で, 各民族の社会や文化のあり方も変化し続けてきた. それに対して英国を中心とした植民地政府は, 効率的な統治をはかるために, 民族単位で人びとの生活域を分割し, 彼らに単一の民族への帰属を強制した. 社会的・空間的な境界が固定された民族がこのとき誕生し, その後の対立の単位となったのである. 民族が特定の政治的な意図のもとに作られてきたとする考えは, 「構築主義的」な民族のとらえ方と呼ばれ, 現在多くの研究者に受け入れられている.

自然資源をめぐる対立

　1990 年代, アフリカでは, 民族をめぐる植民地統治の負の遺産を一因とした内戦がルワンダなどで発生した. 21 世紀に入ると大規模な紛争は減少したが, 農業や牧畜に利用する土地へのアクセス権をめぐって, 異なる民族の間で対立が深まっているとの報告が多くなされている. 気候変動が自然**資源**をめぐる民族間の相克を強めているとの分析もある. だが, 民族は稀少な資源をめぐりつねに対立するという理解にも注意が必要だ. 局地的に発生しているように映る紛争にも, しばしばマクロな政治的・経済的要因が影響をおよぼしているからだ.

　エチオピアとケニア, 南スーダンの**国境**付近には, 人口が数万人から数十万人程度の小規模な民族集団が隣接してくらしている. 彼らの多くは家畜とともに移動する**遊牧**民である. 気

候が乾燥しており降雨も不確実なこの地域で
は，放牧地や水場の利用をめぐり紛争が多発
してきた。例えば，2011 年 4 月末には，エチ
オピアとケニアの国境をはさんでくらすダサ
ネッチ人とトゥルカナ人の間で衝突があり，
40 人近くの死者がでた。以下では，この地域
で紛争が発生し激化する歴史的背景を 3 つ示
そう。

図1　家畜の放牧へ向かうダサネッチ

紛争の背景と激化のプロセス

　1 点目は，国家による境界画定が住民の資源利用に与えてきた影響である。この地域は，19
世紀終わりから 20 世紀初めにかけてエチオピア領やイギリス**植民地**領へと組み込まれた。政
府は，人びとの従来の空間利用を無視したままに国境や州境を画定して，人と家畜の自由な移
動を制限した。また，治安確保の名のもとに，国境付近に住民の立ち入りを禁止する無人地帯
をもうけた。アクセス可能な自然資源が減少することで，民族間の資源をめぐる相克は強まっ
てきたのである。

　2 点目は，武器の流入が紛争に与える影響だ。この地域の牧畜民は，伝統的に槍を用いた戦
いをしていた。その状況は 1980 年代から 1990 年代前半に大きく変化する。この時期に，ウガ
ンダやスーダン，エチオピア，ソマリアなどで相次いで政変や内戦が発生し，域外から殺傷能
力の高い自動小銃が流入した。それらの武器は，商人や軍人などの手を介して遊牧民がくらす
国境付近に拡散した。自動小銃を用いた戦いでは多くの死傷者が出るため，民族間に多くの遺
恨がのこる。自然資源をめぐる小さな対立が，次第に相手民族に対する復讐それ自体を目的と
した暴力の連鎖へと発展することで，平和の回復が困難となるのだ。

　3 点目は，近年の開発事業が紛争の目的に与える影響である。かつての戦いで牧畜民が求め
たのは，放牧地や水場に一時的にアクセスする権利であった。彼らに特定の空間を永続的に利
用するという発想は希薄であり，水や草がなくなると，人びとは別の場所へ移動していった。
21 世紀に入ると，この地域では多国籍企業らによるプランテーション開発や原油試掘が進ん
だ。エチオピアにくらすダサネッチ人によると，近年ではケニア側の民族による襲撃にしばし
ばケニアの警察官が同行してくる。背後で糸を引いているのは，開発の対象地域となった土地
の恒常的な占有を求める国会議員だという。域外のアクターの紛争への関与が強まる過程で，
資源をめぐる新たな対立の構図が作りだされているのだ。

「民族紛争」を理解するために

　今日の民族間に文化や価値観をめぐる本質的な違いがあるように映ったとしても，それはあ
くまでも特定の歴史的な経緯と政治的な力学のもとで形成されてきたものでしかない。また今
日，ローカルに発生しているようにみえる紛争にも，多くの場合，国家や企業などの活動が深
くかかわっている。集団間の暴力的な対立を適切に理解するためには，その紛争にいかなるア
クターが関与し，なにをめぐって争っているのかを丁寧に読み解きながら，そもそも「民族」
が本当に対立の単位となっているのか，その紛争を「民族紛争」と呼ぶことが適切なのかとい
う点も含めて，検討する必要があるだろう。

（佐川　徹）

39. 文化的多様性・少数言語

自らの言語が消滅の危機にある時，先住民は言語を守るためにどのような行動を取りうるのだろうか

> **アクティビティ**
> 1) 世界の民族が持つ言語はどのような理由で消滅の危機をむかえるのだろうか．
> 2) なぜ人びとは自らの民族の言語を守ろうとするのだろうか．その一例として自らの言語を守るために，カナダの先住民であるサーニッチの人びとはどのような工夫をしているのだろうか．
> 3) 主流社会の人びとは少数民族の言語に対してどのような態度で臨むことが良いと思うか，多文化主義というキーワードを使って考えてみよう．
>
> **キーワード**：消滅危機言語，先住民（族），伝統文化，多文化主義，アイデンティティ

　世界の言語の数は現在，約7千あると言われているが，ユネスコの『世界危機言語地図』（第3版）によれば，世界で約2,500の言語が消滅の危機にある．**消滅危機言語**には，植物相や動物相に関して近代科学が行うよりも何百種類も多い分類がなされていることがある．1つの言語が失われる時，一定の地域の人びとによって蓄積されてきた貴重な知識やモノの見方を失うことになるのである．

　2016年の国勢調査によれば，カナダ**先住民**の人口は約160万人（総人口の4.9％）で，先住民のすべての言語が消滅の危機にある．

カナダの同化政策（ブリティッシュコロンビア州の場合）

　1870年代から，カナダのブリティッシュコロンビア州（以降BC州）政府は，先住民の子どもたちに英語使用と西洋化を徹底させる目的で同化教育を開始した．1880年代にはインディアン寄宿学校（Indian Residential School）が建設された．1960年代にカナダ先住民は参政権を得たが，同化教育は続行され，先住民の言語や**伝統文化**は消滅の危機を迎えた．

　しかし，1970年代，先住民と政府との間で交渉の結果，同化教育の失敗は先住民文化に対する無理解にあるという認識が主流社会にも生まれた．この認識の広がりが，1976年以降，BC州各地で先住民が教育自治権を持つ学校区を誕生させ，1989年に先住民の言語を守るための「独立学校法」を制定させた．筆者がBC州で人類学のフィールドワークを始めたのはその頃であった．

先住民サーニッチの学校建設

　BC州では，1980年代の先住民による教育自治区設立運動以降，先住民の雇用が増加する．先住民サーニッチも1986年の独立学校区設立以降，センチョッセン（サーニッチ語）の話者である長老たちが補助教員として採用され，経済的に安定した生活と自らの誇りを取り戻す機会が到来した．

　それとは対照的に，当時，学習意欲が持てない子どもたちに新たな問題が生じる．インターネットを通じて裏社会に容易にアクセス可能となり，十代で飲酒を始め薬物等に関わる者が出てきたのである．原因は彼らの親にあった．大人になっても飲酒や薬物等に逃げる者の多くは，カナダの主流社会と先住民社会の双方から周辺化された人びとであることが指摘された．

　この状況の改善のため，1980年代，親たちにセンチョッセンの夜間講座が開かれた．受講者たちは子ども時代，「白人の」小学校に通っており，授業はすべて英語で行われていた．当時，サーニッチの長老Ｐは，そこで校務員をして，放課後，子どもたちにセンチョッセンを教えて

いた。センチョッセンには文字がなかったため 1978 年
までセンチョッセンの発音表記は IPA（国際音声記号）
で行われていた。P も初めは IPA を用いていたが，先
住民の学習者に馴染みのあるアルファベットに様々な
記号を加えて独自の発音表記法を開発したのである。

1981 年，P は，長老 E の協力を得て，簡易印刷によ
るテキストを完成させた。以来，サーニッチの学校で
は，P 考案の発音表記法がすべての教材に用いられて
いる。1993 年以降,センチョッセンの神話や地名を扱っ

図1　センチョッセンの授業の様子

た教科書や伝統的漁法を説明した教科書等が出版される。センチョッセンの地名の復活は「土
地権運動」（土地の権利に関する運動）にも繋がり，ヨーロッパ人が到達する以前に先住民が
居住していた事実を主張する根拠となった。

しかし，カナダ経済が下降した 1997 年から 1999 年の間，センチョッセンの授業の予算が削
られた。また，長老や初代のサーニッチ出身の有能な教育委員会の委員長の死後，サーニッチ
出身者の委員長が委員会を統括できず，州政府との交渉も進展不能となり，1998 年，先住民
の学校運営を「白人」に任せるという先住民にとって屈辱的な決定を下したのである。

若いセンチョッセン教師の増加と新しい動き

ところが，カナダ経済が再び上昇し始めた 2001 年以降，センチョッセン講座も再び活気を
取り戻した。教育自治の強化や言語・伝統文化学習の改善を目的に利用できる総額 4,000 万ド
ルの先住民癒し基金（Aboriginal Healing Foundation）が 2000 年度に創設された。その影響で，
センチョッセン学習支援のホームページが作成され，2004 年に，First Voices というカナダ先
住民の言語を扱うサイトに，センチョッセンのコーナーが創設された。センチョッセンがデジ
タルアーカイブ化されたのである。そのなかには，「冷蔵庫」や「自動車」，「コンピューター」
などを表す単語も新たに創りだされ，登録されている。

カナダ経済の好調と多文化主義に後押しされ，サーニッチへの教育補助金も増額された。先
住民の言語と文化の維持・強化を目的とした様々なプロジェクトへの資金援助のために，BC
州政府は 1991 年から 2003 年までに，およそ 1,400 万ドルを先住民教育に支給することを決定
した。また，2014 年，4 人の若き先住民教師が正規の教員資格を取った。先住民の言語と文化
の教育は学位取得が可能な研究分野になったのである。4 人の教師の 1 人 S は，2014 年 8 月
にサーニッチ初の言語学修士となった。

若き教師たちはセンチョッセンを学ぶことに誇りを持ち，センチョッセンとその世界観にア
イデンティティを見出していると言う。彼らは「インディアン寄宿学校」のイメージを継承し，
同化教育が先住民に与えた飢えと寒さと自尊心の喪失のイメージを祖父母と共有し，寄宿学校
はカナダ政府による「ジェノサイド（民族浄化）」であった，と主張するが，「白人の文明や経
済システム」に適応していかなければ,先住民として生き残れない,と考えている。事実,現在,
サーニッチ社会と BC 州の主流社会が良好な経済関係にある結果として，長老たちが守ってき
た言語を電子データとしてコンピューターに保存し，自らの言語で書物を出版し，自らの世界
観をアート作品として市場経済に送り出すことが可能となった。言語や伝統文化復興には強固
な意志とともに経済的な基盤が必要だったのである。 （渥美一弥）

40. 先住民と国家統合

先住民は国家という政治的な仕組みとどのように向き合ってきたのだろうか

> アクティビティ
> 1) 2007 年に国連が先住民宣言を提示した背景には，どのような先住民の歴史があったのだろうか.
> 2) オーストラリアを含む 4 カ国が，2007 年の国連先住民宣言の採択に反対した理由は何であ
> ろうか?
> キーワード：国際連合（UN），先住民（族），アボリジニ,植民地,多民族国家

　国際連合（**UN**／国連）は，2007 年「**先住民の権利に関する国際連合宣言**」を採択した。前文と 46 条からなるこの宣言は，「第 1 条【集団および個人としての人権の享受】先住民族は，集団または個人として，国際連合憲章，世界人権宣言および国際人権法に認められたすべての人権と基本的自由の十分な享受に対する権利を有する」にはじまる。先住民であろうとなかろうと，この世界に生きる人間が，すべての人権を有するのは当然と思われるかもしれない。しかし，国際舞台で宣言されねばならない裏側には，個々の国家において，その主張がされねばならない現実があった。ここでは総会において反対に一票を投じた 4 カ国（オーストラリア，カナダ，アメリカ，ニュージーランド）のうち，オーストラリア先住民**アボリジニ**の歴史を見ることで，国連宣言の裏側にあった現実の諸側面を見ていこう。

国家統合において先住民はどのようにあつかわれてきたのであろうか

　現在のオーストラリア大陸に現在の先住民の祖先が上陸したのは約 6 万年前に遡る。北の熱帯雨林気候から中央の砂漠気候まで，彼らはそれぞれの環境に応じて季節毎に動植物を狩猟採集し，1 日平均 4 時間半程度の労働に従事してきた。獲得物は親族内で分け（図 1, 図 2 参照），定期的に儀礼を催す生活を継承してきた結果，推計人口 30 〜 100 万人が約 250 言語に分かれて大陸に居住してきた。

　そうしたなか 1770 年に英国が大陸東部を領有地として宣言し，1788 年には最初の入植者が東南海岸に上陸した。1811 年までには大陸の概要が把握され，1860 年頃までに内陸部まで把握されていった。初期の植民者と先住民の関わりは地域ごとに多様であったが，概して大陸は無主地とみなされ，持ち込まれた流行病，家畜による環境変化，武力衝突は先住民人口を激減させていった。大陸は徐々に 6 つの**植民地**に分割され，入植後半世紀ほどの期間は，先住民には特に政策が打たれず絶滅を待ったという意味で絶滅政策期とも呼ばれる。こうして衰退してゆく先住民に入植者たちが同情し,人道的な立場から保護区等を設けて先住民を教導する保護・隔離政策期へと移行していった。

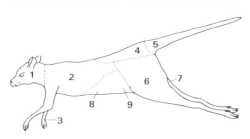

図 1　カンガルーの切り分けと配分の仕方
出典：Altman, J. and N.Peterson(1988) Rights to game and rights to cash among contemporary Australian hunter-gatherers, T.Ingold, D.Riches and J.Woodburn eds. *Hunters and Gatherers: Property, Power and Ideology*.: 75-94.

　1920 年代には人口 6 万人にまで減少した先住民であったが，植民者との間の子どもたちも生まれてきた結果，徐々に人口が上昇し始める。これを受け，オーストラリア連邦と各州担当者が会し，先住民を主流社会の市民へと同化させてゆく同化政策が開始された。その極端な形が，先住民の子どもを強制的に親族から引き離し遠隔地の学校に入学させる政策である。こうして，先住民自身の政治的,

経済的，文化的自律性は一方的かつ完全に否定されることになった。

先住民は政治的な仕組みとどう向き合ってきたのであろうか

こうした諸政策に対し，先住民は初期には武力抵抗したものの，一方で植民者との間に

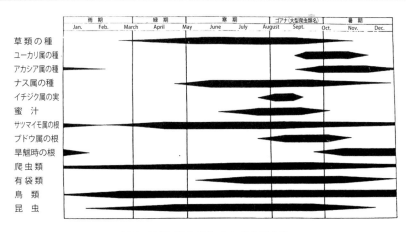

図2　季節ごとに用いられる主要食物
出典：Cane,Scott 1987 Australian Aboriginal Subsistence in the Western Desert, *Human Ecology*,15（4）：399

生まれた子どもたちを育て，第二次世界大戦時には従軍することで，主流社会の国民と共通の経験をつくっていった。1961 年には 8 万 4,000 人にまでに増加した人口を背景に，1962 年には連邦政府により先住民に選挙権が与えられ，1963 年頃からは各地で差別的境遇の撤廃を目指す社会運動も生じた。1967 年に連邦議会に先住民に関する特別法立法権が付与されたことに伴い，同年から先住民も人口調査の対象にも含まれることになった。ただし，1971 年以降，先住民か否かの判断は自己申告制となった。

1972 年にはオーストラリア政府により先住民の自己決定政策が宣言され，1973 年には王立委員会による先住民の土地権への見直しが提言される。1976 年には北部準州においてアボリジニ土地権法が成立し，1980 年までには北部準州の土地の 30 ％がアボリジニに返還された。1990 年には先住民委員会が発足し，同委員会は連邦政府の対先住民予算や運営を自己決定する行政機関となった。さらに 1993 年には，オーストラリア連邦議会で先住民の土地および水域に関する権利が植民化の歴史で消滅していないことを承認する先住民権原法が施行されもする。このように，1972 年〜 2005 年を自己管理・自己決定政策の時代として位置付けられる。

ところが，この後オーストラリア政府は，先住民委員会を解体し，先住民の土地を借り上げ，福祉年金の支払いに使途限定させられたカードを導入することで，先住民の自律性に介入していく。こうした流れを受け，オーストラリアが，ニュージーランド，カナダ，アメリカとともに 2007 年の国連先住民宣言の採択に反対票を投じたのは先にみた通りである。2016 年には 79万 8,400 人にまで増加した人口も，**多民族国家**オーストラリアの全人口に占める割合は 3.3%に過ぎず，こうした状況で先住民が自己決定を行うには，主流社会および国際社会との連携が不可欠となる。

先住民・国家・国連の関係

国家が国民の生活に介入しようとするのは，国政が国民間の生産の調整者として振舞うからに他ならない。もっとも，移民たちが上陸するはるか以前からそこに暮らしていた先住民にとって，そうした振舞は一方的な押しつけとなる。世界のおよそ 90 カ国に 3 億 7,000 万人以上の先住民が住んでいるとされるが，国連が諸国家内の先住民政策に向けて「先住民の権利に関する国際連合宣言」を主張しなければならない背景がここにある。　　　　　　　　　（飯嶋秀治）

41. 同化主義と多文化主義

多様性を１つの国家のなかに包み込むことはいかにして可能になるのだろうか

> **アクティビティ**
> 1) 先住民（族）に共通する経験や歴史とはどのようなものだろうか.
> 2) 先住民（族）の国際的なネットワークや連帯はどのようなことをもたらしうるだろうか.
> 3) 多様な文化を包み込むような社会にするために，わたしたちはどのようなことができるだろうか／何から始めればよいだろうか.
> **キーワード**:先住民（族），同化主義，アイヌ（民族），多文化主義，マオリ，SNS（ソーシャルネットワーキングサービス）

　北米やオセアニア，中南米などの諸国において，**先住民**は植民地支配によって土地を奪われ，また，長年にわたる**同化主義**に基づく政策（独自の文化や言語を否定・制限して先住民を国家に統合しようとする政策）によって，国家のなかで周辺的な地位や立場に追いやられてきた。日本においても，**アイヌ**の人びとは狩猟・漁猟・採集などの生業が制限・禁止され，明治後半からの学校教育はすべて日本語で行われたため，固有の言語・文化は壊滅的な打撃を受けた。このような歴史をもつ先住民たちによる，文化や言語を取り戻そうという運動が世界各地で起こっている。同化主義は政策としては過去のものとなっており，多様な文化を尊重する**多文化主義**の理念が浸透しつつあるが，他方で，先住民をその他少数者と同列の位置に薄めてしまう多文化主義政策に，脅威を感じる先住民もいる。共通する歴史や経験を持つとはいえ，個々人は，様々な境遇のなかで，先住民としてのアイデンティティを模索している。以下，わたしがよく知るニュージーランドと日本の先住民の人びとの経験についてみていきたい。

文化復興運動の背景：同化政策の苦い経験

　1860年代から1世紀続いた同化政策によって，ニュージーランド先住民マオリは大多数が西欧流の生活を送っている。いまやほとんどの**マオリ**は母語が英語であるため，英語だけで生活するには困らない。しかし言語や文化を残そうという1980年代からの運動によって，マオリ語だけで保育・教育を行う幼稚園や小学校などの施設が創設・拡充されてきた。19世紀に結ばれたワイタンギ条約（マオリの諸権利を保障する代わりに主権を英国に譲渡する，一時期は有名無実化した，マオリの首長と英国の間の条約）が存在するという日本などとは異なる事情はあるものの，マオリの人びとの長年の粘り強い運動によって，ニュージーランドは，白人系住民とマオリの2つの文化のパートナーシップに基づく二文化主義政策をとるに至っている。

　ニュージーランドは日本人の語学留学者も多く，英語圏の国と認識されている。わざわざ英語を排したマオリ語のみの幼稚園や小学校で子ども達を学ばせる意味が，日本人には理解できないかもしれない。2000年に80歳代で亡くなった，わたしが世話になったマオリのおばあさんは，生前，第一関節がすべて曲がった手の指をみせてくれた。彼女の幼少期，学校ではマオリ語禁止であった。彼女は英語を多少話せたが，マオリ語しか話せない友達がいた。先生が何を言っているのかを友達に教えるためにマオリ語を使った。その罰として，イギリス人教師は，机の端に10本の指を並べさせ，木製の大きな定規で打ったため骨が変形してしまったというのである。1970年代の調査で，40％のマオリが，マオリ語を話したことで何らかの罰を体験したと答えた。こうした歴史や記憶を抜きに言語文化の復興運動を考えることはできない。

　アイヌの人びとも苦い歴史的な経験をもつ。日本初のアイヌ出身の国会議員になった萱野茂

氏は，アイヌの生業や文化が制限・禁止された強制的な同化政策は，言葉も風習も違う人が日本にやってきて「今日から米を食うな，米食ったら逮捕するぞ」という法律を押しつけるに等しいものだった，と表現している。

図1　ニュージーランドの高校をアイヌの衣装で訪問，交流する摩耶さん（2013 年）

先住民の国際的なネットワーク・連帯

　萱野氏のふるさとである北海道沙流郡平取町二風谷は，アイヌ系の住民が大半を占める人口数百人の小さな地域である。国連が定めた「世界の先住民族の国際年」（1993 年）に国際フォーラムが開催され，北米や欧州など各国の先住民が二風谷に集った。2008 年にも先住民サミットがこの地で開催されるなど，海外の先住民との様々なレベルの交流が続いている。

　2013 年の夏，二風谷で，ニュージーランドからマオリの女性教育者を招いて，言語の伝承についてのワークショップがもたれた。アイヌの若者たちが集まったそのワークショップでは，教科書も筆記用具も使わずマオリ語をマオリ語のみで教授するアタアランギという手法を，アイヌ語の入門教育に導入できないかという試みが議論されるとともに，先住民として共通する境遇や展望について深夜まで議論がなされた。

　このワークショップが終わった後，マオリ女性の教育者が（単なるファッションのタトゥーではない）伝統的な入れ墨を顔に入れていることをもって，温泉施設で入場を拒否されるという出来事があった。東京五輪を控え，多様性へ敬意を払うようにと官房長官がコメントを出すなど，全国的なニュースにもなった。海外の先住民とのつながりは，先住民の伝統への理解が不十分で多様性に不寛容な日本の現状を批判的に吟味し，変えていくための契機となりうる。

先住民の言語・文化を発信する

　二風谷出身の関根摩耶さんは，2019 年，大学 2 年生の時に，日本にはアイヌ文化などの多様性があるのに多くの人たちが知らないのはもったいないと考え，アイヌ語の YouTube チャンネルを開設した。アイヌ語講師の父 健司さんの監修も受けながら，アイヌ語会話レッスンのみならず，伝統料理や伝統工芸，音楽などを広く紹介している。アイヌ工芸の伝承に尽力している摩耶さんの母 真紀さんとわたしは，四半世紀以上の友人である。まさか幼少の頃から知っている摩耶さんがアイヌ語 YouTuber として文化の発信者になるとは思ってもみなかった。

　彼女にとっての契機の 1 つは他国の先住民との出会いであった。中学生の時に初めて 1 カ月訪問したニュージーランドで，自分たちの民族の文化を語るマオリの人びとから衝撃を受けたと摩耶さんは語る。ニュージーランドでホームステイを複数回経験し，交流を深めるなかで「自分たちのルーツを語るって格好いいな」「自分について語る勇気をもらった」と言う。彼女はまた，ファッションも含めた，格好いい文化の見せ方（発信）については北欧の先住民サーミの若者たちから学んだと，サーミの **SNS** のサイトをわたしに見せてくれた。

　アイヌ語の学者のようにではなく，SNS を駆使しつつ等身大でアイヌ文化を発信する摩耶さんの取り組みは，多くの人びとがアイヌ文化を学ぶハードルを下げるものだと言えよう。

　なお，アイヌ系の住民が多くを占める二風谷で育った摩耶さんと異なり，アイヌの人びとの中においても，経験やアイデンティティのあり方は，地域や年代によって一様ではない。差別や偏見から，アイヌの出自について沈黙を強いられている人びとも多い。　　　　（伊藤泰信）

42. 人種主義と反人種主義
人びとは人種差別とどのように闘ってきたのだろうか

> **アクティビティ**
> 1) 日本人が人種差別の被害者になった過去の例と現在の日本国内における人種差別で，類似点がないか考えてみよう．
> 2) ブラック・ライヴズ・マター運動は，何をもたらしたのか調べてみよう．
> 3) 人種偏見をなくすために，何から始められるか考えてみよう．
> **キーワード**：人種，ジェンダー，アメリカ合衆国，アパルトヘイト（人種隔離政策），人種差別，アフリカ系アメリカ人，ムスリム

　「人種主義（racism）」は，社会的に創られてきた「**人種**」集団の間で（「22. 民族と人種」参照），能力や気質，倫理観などにおいて優劣の差があり，ある人種は，別の人種よりも生まれながらにして劣等／優等であるとみなす考え方である．人種主義は，しばしば，**ジェンダー**や階級等と交差して，それぞれ特有の形態となって表出する．他方，反人種主義は，人間は平等であり，対等の人権や諸権利，基本的自由を保障されるべきであるという思想に基づき，人種主義を撲滅しようとする立場をとる．

　人種主義に関しては，**アメリカ合衆国**の黒人差別に加え，ナチズムによるホロコーストや，南アフリカにおいて1994年まで存続した**アパルトヘイト（人種隔離政策）**がよく知られているが，身体的な特徴が目に見える人びとに対する差別だけを指すのではない．日本も1995年に加入した国連の「人種差別撤廃条約」では，人種差別とは「人種，皮膚の色，世系（descent「出自」の意味）又は民族的（national, 民族／国民）若しくは種族的（ethnic, エスニック集団）出身に基づくあらゆる区別，排除，制限又は優先」であると定義している．「在日特権を許さない市民の会」（在特会）が京都朝鮮学校に対して繰り返し行ったヘイトスピーチなどの行為が「**人種差別**」であるとして，在特会に対して1,220万円の支払いと一定距離内での街宣活動を禁止した2013年の京都地裁，2014年の大阪高裁が下した判決は，上記条約を根拠に，「出自」に基づく差別が人種差別だとみなした判決の例である．

ブラック・ライヴズ・マター運動

　2020年5月25日，米国ミネソタ州のミネアポリスで**アフリカ系アメリカ人**のジョージ・フロイドさんが警察の暴力によって命を落とした．抗議運動は世界的規模へと発展し，日本でも，東京や大阪，京都などにおいて，反人種差別を訴える大きな集会が開催された（図1）．

図1　ブラック・ライヴズ・マター運動＠大阪
2020年6月7日（ロドニー・スミス氏撮影）

　「ブラック・ライヴズ・マター（BLM）」運動の発端は，2013年，高校生だったトレイボン・マーティンさんを射殺した自警団員に無罪判決が言い渡されたことであった．3人の女性たちが「ブラック・ライヴズ・マター」すなわち「黒人の命を粗末にしないで」とSNSで呟いた言葉が拡散したのである．それまで無数の無抵抗の黒人たちが警察の暴力や射殺の犠牲となっているが，わずかな例外を除き，「正当防衛」であるとして殺害した警官は無罪

になっていた。『ワシントン・ポスト』紙のデータベースによると，武器を所有しないにもかかわらず警察によって殺された黒人は，人口比でいうと白人の4倍以上に上る。

　BLM2020以降，「システミック・レイシズム（systemic racism）」という概念が再び注目を集めるようになった。人種主義は，単に個人の偏見がもたらすものではない。雇用，教育，医療，警察，司法などのさまざまな制度が互いに連鎖しながら，大きな社会システムとして構造的に人種差別が作動し続けていることを表す概念である。

　しかしその社会システムをつくり，維持しているのは，個々人であることも忘れてはならない。BLMでもう1つ繰り返し唱えられた言葉は，「沈黙は共犯」である。人種差別に対して見て見ぬふりをすることは，加害者側に加担するという意味である。

強制収容された日系人

　「日本人を祖先にもつすべての者へ」。1942年の春，米国西海岸の日系人コミュニティ各地に貼られたポスターはこの文言で始まった。同年2月19日大統領令9066号によって，西海岸に住む約12万5千人の日系人が強制立退きを命じられたのち，砂漠の中に設けられた強制収容所において，鉄条網に囲まれた生活を強いられた（図2）。その3分の2はアメリカ市民であった。同様に敵国であったドイツ系やイタリア系に対してはなされなかった。日系人らは，第二次世界大戦前も，雇用，住居など日常生活のあらゆる場面において人種差別を経験していたが，強制立退き・強制収容は彼らの基本的人権を根こそぎ奪ったのである。

図2　収容所には鉄条網が張り巡らされ，ボールを取ろうとした少年が監視塔に立つ兵士によって射殺される事件もあった．

　1990年，アメリカ政府は，強制立退き・強制収容は，「人種偏見」「戦時中のヒステリー」「政治的リーダーシップの欠如」が引き起こしたとして，大統領による謝罪の手紙と2万ドルを当時生存していた日系人個々人に送っている。類似した日系人の強制収監は，カナダ，オーストラリア，ペルー，ブラジル，メキシコなどでも行われた。

図3　マンザナール強制収容所跡地で行われた集会の様子

　2017年4月末，カリフォルニア州東部にあるマンザナール強制収容所跡地で行われた「巡礼」に筆者も参加した。会場は約2,000人の聴衆で埋め尽くされ，壇上では日系の青年たちとムスリムの青年たちが反人種主義を訴えるスピーチと歌を披露した。9/11の直後，ムスリムやアラブ系の人びとがその出自によって全員拘束されそうになった時，二度と同じ過ちを犯してはならないと声を上げたのが，日系アメリカ人だったのである。海外日系人の経験は，日本で圧倒的多数派を占める「日本人」に，もし自分がマイノリティであったら，という想像力と，日本社会における少数派の人びとに対する共感を引き出してくれるものかもしれない。

　人種差別の問題は対岸の火事ではない。人種差別に抗うためには，社会システムの変革や人種差別に関する正しい教育が求められる。また個々人が日常的に差別や偏見に対して意識的であり，声を上げることが重要であろう。

（竹沢泰子）

43. 森林減少

世界の森林はなぜ減少しているのだろうか

> **アクティビティ**
> 1) なぜ森林を保全しなければならないのだろうか.
> 2) 森林はどこで, なぜ減少しているのだろうか.
> 3) 世界の森林を守るために, わたしたちはどのような取り組みを行えば良いのであろうか.
>
> **キーワード**：熱帯林, 地球温暖化, 南北問題, 多国籍企業, アブラヤシ, プランテーション, エシカル消費, 領土問題

　森林減少は重要な地球環境問題の1つである. とくに東南アジア, アフリカ, アマゾン流域の**熱帯林**には, 全世界の生物種の半数以上が生息し, 熱帯林の減少は生物多様性を脅かす. また樹木は, 酸素を発生させながら光合成により大気中の二酸化炭素を吸収して蓄えているので, 森林の減少は, **地球温暖化**の原因となる二酸化炭素を排出することにつながる. 世界の森林減少の原因は, 亜熱帯や熱帯に位置する発展途上国の森林を先進国が消費することで生じる**南北問題**だと認識されることが多い. しかし, 南北問題だけが原因なのであろうか. ここでは, もっと多様な視点から森林減少の問題に迫ってみよう.

世界の森林をモニタリングする

　実際にどこの森林がどれだけ減少しているのか, 2000〜05年の5年間の衛星観測データを見てみよう (図1). 2000年の世界の森林被覆面積は, アフリカ大陸よりもわずかに大きい3,268.8万km²と見積もられた. そして, 5年間で日本の国土面積の約2.7倍に相当する101.1万km²の森林が失われた. 森林減少を地域別に見ると, 北米の亜寒帯林の減少が最も多く, その面積は, 日本の国土面積とほぼ同じ35.1万km²であった. そのうち約60%は山火事, 残り約40%が伐採もしくはアメリカマツノキクイムシの被害によるマツ枯れが原因とされた. 山火事とマツ枯れは, 気温上昇と干ばつによるストレスによって樹木の抵抗力が弱まることで発生するため, 北米の森林減少は地球温暖化が大きく関係している.

　北米に次ぐ森林減少は, ブラジル中西部から北東部にか

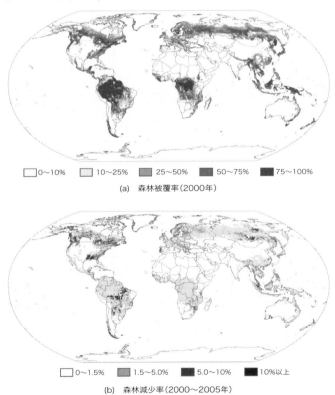

(a) 森林被覆率(2000年)
□ 0〜10%　□ 10〜25%　■ 25〜50%　■ 50〜75%　■ 75〜100%

(b) 森林減少率(2000〜2005年)
□ 0〜1.5%　■ 1.5〜5.0%　■ 5.0〜10%　■ 10%以上

図1　森林被覆率およびその変化 (2000-05年)

出典：Hansen, M. C., Stehman, S. V. and Potapov, P. V. 2010. Quantification of global gross forest cover loss. PNAS 107 (19) : 8650-8655.

けての熱帯モンスーンと熱帯サバナの境界で見られた。この地域では，道路などのインフラ整備が進められ，わずか数十年で熱帯林が農地に転換された。農地では，**多国籍企業**がダイズやトウモロコシなどの飼料作物を栽培している。

熱帯林を利用する人びとの視点

　最近では，植物油脂の消費増加に伴って，インドネシアやマレーシアの熱帯林や泥炭林がパーム油の原料を生産する**アブラヤシ農園**に転換されることが大きな問題となっている。2019 年の両国のアブラヤシ農園は日本の国土面積の約 55 ％ に相当する 2,062 万 km^2 の広さにまで拡大している。インドネシアのアブラヤシ農園は，多国籍企業による農業や先進国の**プランテーション**ではなく，2000 年代以降は小規模農家の増加が著しい。現地の人びとは，生きていくための収入を得るために熱帯林を開墾しているのである。

　近年，先進国の環境保護団体が中心となり，環境や社会に配慮したアブラヤシ農園で生産されたパーム油を普及させるための認証制度が開始された。パーム油はさまざまな商品に使われており，熱帯林や現地の人びとの労働環境を守るために，わたしたち消費者には「**エシカル消費（倫理的消費）**」が求められている。それは，SDGs の 17 ゴールのうち 12 番目の「つくる責任 つかう責任」の取り組みである。

森林減少を多様な視点から理解する

　ラオス北部では，2000 年代後半から中国企業によるバナナのプランテーションが始まり，自給的な焼畑を営みながら守ってきた森林が減少している（図2）。なぜ中国企業はラオスでバナナを栽培するようになったのであろうか。

　中国の経済力が高まったことで，かつて高価だった熱帯の輸入バナナを購入できる購買層が増加し，その消費が進

図2　ラオス北部における中国企業によるバナナ栽培

んだことは言うまでもない。中国ではバナナの多くをフィリピンから輸入していたが，南シナ海でフィリピンと中国の領有権争いが勃発したことにより，中国がフィリピン産バナナの検疫を強化して，2012 年に輸入を止めたのである。そこで，中国はバナナの供給先を隣国のラオスに求めた。ラオスの森林減少は，中国とフィリピンの**領土問題**によって引き起こされたと言っても過言ではない。プランテーションで栽培されているバナナはラオスの在来品種ではなく，太くて長い「キャベンディッシュ」と呼ばれる外来品種である。外来品種は病害虫の被害に遭いやすいため，その防除のために多量の農薬を散布しなければならない。現地の人びとはバナナ栽培で経済的には恩恵を受けたが，土壌・水質汚染や農薬による健康被害に苦しんでいる。そしてラオス政府は 2017 年に大規模な森林開発を伴う新規のバナナ栽培を許可しないことを決定した。

　熱帯林の消滅は，南の発展途上国の資源を消費する北の先進国という南北問題だけが原因ではない。森林を開発して農地にすることで，南の発展途上国もこれまでの遅れを取り戻して経済発展を目指そうとしている。またラオスの事例のように，意外にも領土問題が森林減少を招くこともある。森林保全と発展途上国の発展の両立は難しい問題である。これらの問題を解決するために，発展途上国が自国の森林を保全するための活動に対し，国際社会が経済的支援を行う取り組みなど（例えば，REDD+ レッドプラス）が実施されている。　　　　（横山　智）

44. 海洋汚染

日本の漁業者たちは海洋汚染とどのように向き合ってきたのだろうか

アクティビティ
1）プラスチックごみが海に流出する経路と原因について調べてみよう．
2）過去に発生した国内外の海洋汚染事例について調べ，そして今現在の状況についても探ってみよう．
3）自分の日常生活は海で暮らす人びとや生態系にどのような影響を与えているのかを調べ，一番悪影響を与えている日常的な行為（行動）は何かを探ってみよう．
キーワード：海洋汚染，海洋ゴミ問題（海洋プラスチック問題），SDGs（持続可能な開発目標），食文化，沿岸漁業，海洋国家

　海洋汚染といってもその種類は多様である．**海洋プラスチック問題**は最近ニュース等で話題に上がるが，これまで近代化の歴史とともに様々な汚染物質が海に流出され，そこで生きる人びとや生態系に多大な影響を及ぼしてきた．汚染物質が海に流出するプロセスも様々で，工業廃水や生活排水が十分な処理なしに垂れ流されたり，ゴミが不法に海洋投棄されたり，海底油田施設の火災や船舶の座礁・沈没により原油や燃料が流出することもある．

　海はわたしたちが生きる地球表面の7割を覆う重要な存在で，その海の豊かさを守ることは**SDGs**の17目標の1つでもある．しかも，日本は海に囲まれ，**食文化**は海の恵みなしには語ることができない．しかしわたしたちの多くは，海の汚染についてどこか遠く離れた問題として捉えてしまいがちである．そこでここでは，わたしが長年調査してきた日本の**沿岸漁業者**と海洋汚染の関係を紹介しながら，現代日本で豊かな海を守るためにできることについて考えてみたい．

豊かな海と海洋汚染

　日本は豊かな海に囲まれている世界有数の**海洋国家**である．「津々浦々」という言葉からもわかるように，昔から日本には全国いたるところに船着場（津）や浜辺（浦）があり，人びとは海の恵みを享受しながら生活をしてきた．また，日本伝統の食文化は「和食」として2013年にユネスコ無形文化遺産に登録されたが，海産物の役割は大きい．例えば，和食に出汁は欠かせないが，主要な材料である鰹節，煮干し，昆布はすべて海の恵みである．海から離れた地域も多いが，海の恵みは乾物や塩漬けなどに加工され，各地域の食文化を支えてきた．

　海は日本の近代化にも重要な役割を担ってきた．太平洋ベルトを中心に，日本には多くの工業地帯が存在するが，その大半は原料や製品の輸送が便利な臨海地域に立地する．加えて，火力発電所や原子力発電所もほぼすべてが臨海地域に建てられている．その理由は，外国からタンカー船で運ばれる燃料を受け入れやすく，冷却用に必要な大量の水を海水に頼っているからだ．そして，日本の海岸線には商港，工業港，漁港とさまざまな数多くの港が設置されている．商港や工業港は製品や燃料の積みおろしをする港であり，漁港は遠洋漁業，近海漁業，沿岸漁業，養殖漁業などさまざまな漁業に従事する漁業者たちが漁船を停泊し，漁獲物を水揚げする港である．商港・工業港は近代化の象徴として想像しやすいと思うが，漁港も漁業の近代化を支える重要な基盤として整備されたものなのだ．

　このように日本の沿岸水域は豊かな海であると同時に，近代産業の発展を支える重要な場所でもある．つまり，日本の豊かな海には常に海洋汚染のリスクがあるということなのだ．

海洋汚染とともに暮らす沿岸漁業者

日本の沿岸漁業者たちは，豊かな海で魚介類を獲ることで生計を立てるが，その多くが海洋汚染の影響に苦しめられた経験を持つ。また，その経験は一度だけではなく，度重なることが少なくない。わたしが長年調査でお世話になってきた沿岸漁業者たちは，ある臨海工業地域に隣接する漁港を本拠地とする。豊かな漁場で知られるその海域で獲れる魚介類は水産関係者の間

図1　臨海工業地帯に隣接する漁港

で高い評価を得る一方，沿岸漁業者たちは海洋汚染に繰り返し苦しめられてきた経験を持つ。

かつて長く砂浜が続く海岸線の途中に大規模な工業開発が誘致されたのは，ちょうど日本が戦後の高度経済成長期にいた頃だった。大掛かりな工事を経て，商港と工業港を兼ねた港湾が建設され，その周りには鉄鋼，石油化学，木材などの企業が立地するコンビナートが造られた。沿岸漁業者たちが大気汚染や水質汚濁を訴えたのは港湾開港間もなくのことだった。工業廃水が原因と見られる魚の大量死が発生し，漁業者たちは工業開発を推進する県に対して改善策を要求し，ときには県庁舎に出向いて抗議活動を行った。

その後全国で公害問題対策が整備されるなか，この地域における大気や水質も改善された。しかし臨海工業地域の隣接水域は常に汚染リスクと隣り合わせである。実際この地域では，タンカー座礁事故や原発事故による海洋汚染が原因で禁漁せざるを得ない状況に見舞われたこと，また汚染状況が改善され漁業が再開された後も魚価の低迷に苦しむことが度々あった。

では，沿岸漁業者たちは臨海工業開発なんてなければよかったと思うのだろうか。わたしが質問をしたとき，彼らはいつも，開発があったからこそ漁業者として成功することができたと語った。臨海工業開発が誘致される前，この地域には漁港がなく，漁船も小さいものしか持てなかったため，漁獲量は少なく，沿岸漁民の多くはとても貧しかった。しかし，沿岸開発に伴い漁港が整備され，近代的な漁船の普及が急速に進み，年間を通して漁獲量を大幅に増やすことに成功した。沿岸開発のために海洋汚染リスクとともに暮らさなくてはならなくなったが，沿岸漁業が発展できたのは開発のおかげだと彼らはいうのだ。

海の豊かさを守るために

近代化が進んだ現代の日本で，海をきれいか汚いかのどちらかに二分することは難しい。日本の海は豊かで，かつ海洋汚染のリスクが常に存在する。沿岸開発は周辺地域の人びとの生活を支える存在であり，ときに脅かす存在でもある。沿岸漁業者たちは豊かで危険を伴った海とともに日々暮らしている。しかし，沿岸漁業者たちのように海と直接関わりながら生活していない人びとは，沿岸開発の恩恵についても，海洋汚染のリスクについても身近に感じることが少ない。では，そんな人びとが海の豊かさを守るためにできることは何だろうか。

海洋に流出されるプラスチックゴミを減らすためにエコバックを利用することももちろん重要だが，自分と海の間接的な繋がりや，海とともに暮らす人たちについて想像すること，知ろうとすること，自分ごととして捉えようとすることも重要なのではないだろうか。（高橋五月）

45. 砂漠化・土地荒廃

世界で，なぜ砂漠化が進行しているのだろうか

> **アクティビティ**
> 1) 世界の人口は増加しつづけ，2050年には100億に達すると予想されている．われわれは，
>   必要な食料を生産しつづけることができるのだろうか．
> 2) 土壌と食料の生産との関係を調べてみよう．
> 3) 農業や植物の生産が低下し砂漠のような景観となる，砂漠化の問題を考えよう．
> **キーワード**：国連砂漠化対処条約，砂漠化，砂丘，ダストストーム（砂嵐），塩類集積（塩類化），
>   サヘル，メガシティ，アグリビジネス

　1994年に採択された**国連砂漠化対処条約**によると，**砂漠化**とは，土地が劣化し，砂漠のよ
うな環境になることである。つまり，砂漠化は，土地の持つ生物の生存を許す環境が破壊され
る土地荒廃を意味している。砂漠化とは，具体的には，乾燥・半乾燥地における①樹木の伐採
にともなう樹木の減少と消滅，②家畜頭数の増加にともなう牧草の減少と消滅，③作物の連作
による土壌の減少と消滅，④豪雨や家畜の踏みしめによる土壌の固結，⑤経済活動による土壌
の減少と消滅，⑥不適切な耕作や牧畜による**砂丘**の移動と堆積，⑦強風がもたらす**ダストストー
ム（砂嵐）**の発生，⑧地表面における**塩類集積**が挙げられている。

　砂漠化の危険性の高い地域（図1）は，もとよりサハラ砂漠やアラビア半島などの砂漠は除
かれており，北アメリカのグレートプレーンズをはじめとする大陸の西部，南米のセラードや
グランチャコ，パンパ，アンデス山脈，オーストラリアの大部分，モンゴル高原，中国の黄土
高原，中央アジア・西アジアのイラン高原やカザフステップ，カスピ海と黒海の周辺，インド
のデカン高原，アフリカの南部や**サヘル**，マグレブ地域に広がっている。これらの地域の多く
は世界の穀倉地帯であり，砂漠化の問題は世界の食糧供給にインパクトを与える可能性が高い。

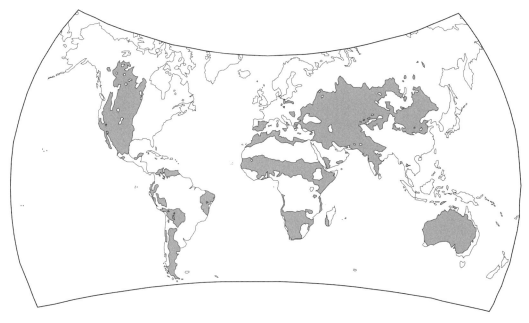

図1　世界における砂漠化の危険性の高い地域
出典：Middleton,N. J. and Thomas,D.S.G（1997）: World Atlas of Desertification 2nd Edition. United
　　　Nations Environment Programme. London: Arnold.（一部改変）

土地荒廃の原因と人間活動

　地球における土壌の厚さには気候帯や地形，および土地利用によってバリエーションがあるが，土壌の厚さは平均 18 cm と計算される。世界人口は 2021 年に 79 億人，2050 年には 100 億以上になることが予想されているが，人類はこの 18 cm の土壌で作物を栽培し，それを糧として，生存していかねばならない。FAO（国際連合食糧農業機関）によると，農牧業による土地の酷使や土壌侵食があり，食料の生産が将来，需要に追いついていかないことが危惧される。

　人類は地球上で大量の化学肥料や飼料を使って農・畜産物を生産し，それらを食料として消費しつづけている。人口 1,000 万以上の**メガシティ**は 2021 年現在，東京や大阪，名古屋のほか，広州や上海，ジャカルタ，デリー，ソウル，カラチ，マニラなど 39 都市を数える。人口 100 万以上の都市は 599 となり，都市の巨大化とともに，都市の数が増加しつづけている。

　都市の住民は日々の食事のなかで，農業地域で生産される穀類やイモ，野菜，マメ類，畜産物を旺盛に消費している。世界各地では，小規模農家が自給にもとづく農業を営んでいたり，**アグリビジネス**の企業が大規模に農場を経営していたり，さまざまな農業形態がみられる。大量の農産物は都市へ運ばれ，消費され，都市内部で生ゴミやし尿，あるいはフードロスとして食べられないまま廃棄され，ゴミとして焼却や埋立て，野積みされる。農村から都市にむかって農産物は運搬されるが，逆向きに農村へ向かって栄養分や有機物が移動することはない。

解決のカギは都市と農村の物質循環

　土壌には，化学性と物理性，生物性の 3 要素があるとされる。化学肥料の投入にともなって改善されるのは，主に化学性である。植物の根が伸張し，生育するには土壌の団粒構造が重要であり，その団粒構造の形成には土壌生物が不可欠である。砂漠化の危険性が高い乾燥・半乾燥地域ではシロアリが多く生育する。シロアリは唾液や排泄物で土壌の粒子をつなぎ合わせ，植物の幹や枝葉，わら，家畜の糞などを囲み，シェルターを作る。シロアリがシェルターをつくることで，土壌の団粒構造が形成される。また，湿潤地域ではミミズなどの排泄物に団粒構造が認められる。地表面の土壌がやわらかになり，土壌の透水性や保水性が高まり，植物の根が伸張する。家畜の糞や食べ残し，生ゴミ，庭木の剪定枝などの有機物を畑に投入することにより，土壌生物が団粒構造をつくり，土壌の化学性と生物性，物理性が改善する。都市から農村にむかって有機物や栄養分が移動し，農地の土壌改善に活かすことが重要である。

　現在，砂漠化の対策として植林が世界各地で行われているが，土壌が改善されず，固結した土地に苗木が直接に植え付けられて活着しなかったり，乾燥に強い外来植物が植え付けられたりすることで，アフリカ大陸においてメスキート（*Prosopis juliflora*）が拡大し，その分布域を制御できないという事態も起きている。従来の植林を中心とした砂漠化対策から，都市の消費活動，都市と農村における有機物の物質循環，土壌生物の活用を考慮に入れて土壌を改善する，砂漠化対策を考えていく必要があるだろう。

（大山修一）

図 2　都市の有機性ゴミを使った荒廃地の緑化実験

46. 水利用と水資源
世界の地下水資源はなぜ減少しているのだろうか

> **アクティビティ**
> 1）地下水資源はどのように利用されているのだろうか．
> 2）地下水資源はどこで，なぜ減少しているのだろうか．
> 3）世界の地下水を守るには，どのようにすれば良いのだろうか．
> **キーワード**：地下水，仮想水，地球的課題，地下水フットプリント（エコロジカルフットプリント），
> 貿易（食料貿易），食料自給率，水資源

　地下水資源の減少は，現在，加速度的に進行している．特に北インド（ガンジス上流），北アラブ，ペルジア，オガララ，西メキシコ，華北平原など，中緯度高圧帯の半乾燥地域に多く，これらの地域は穀物生産が盛んで，農業用灌漑水として多量の**地下水**が汲み上げられている．越境地下水は，国境などの行政界を超えて，地域と地域が地下の帯水層でつながっている地下水を指すが，このような地域間の繋がりは物理的なものだけであろうか．ここでは，食料やグローバル貿易を通した，**仮想水**としてのヴァーチャルで遠隔的かつながりを見て，国家の資源安全保障だけではなく，**地球的課題**としての地下水利用の持続性を考えてみよう．

世界の地下水利用の持続性

　世界の淡水資源利用の約 7 割が農業用の灌漑水として使われ，その半数が地下水資源の利用である．地下水利用が地下水涵養量を越えると，地下水貯留量は減少する．この地下水貯留量の全球的な減少量は，1960 年には 1,260 億 t／年であったものが，2000 年には 2,830 億 t／年と加速度的に増えている．この原因は，緑の革命による食料生産に必要な農業用灌漑水のための地下水揚水である．1950 年代以降に，全農業用灌漑水に占める地下水の割合は増加しており，インドではその割合が 1951 年には 28 ％であったものが 2003 年には 62 ％に増加し，アメリカでは 1940 年に 20 ％であったものが 2003 年には 61 ％にまで増加した．地下水貯留量の世

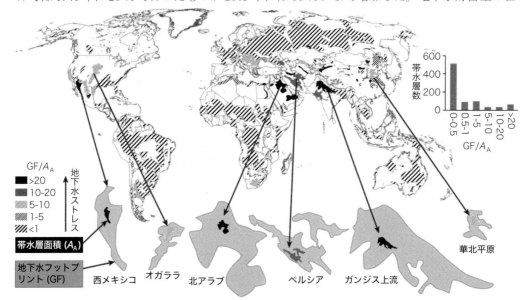

図1　地下水フットプリント（GF）と地下水ストレス

出　典：Gleeson, T., Wada, Y., Bierkens, M. F. and Van Beek, L. P. 2012. Water balance of global aquifers revealed by groundwater footprint. Nature 488(7410): 197–200.

界的な減少は，持続可能ではない地下水利用がグローバルに進行していることを示している。

地下水利用の持続性を表す方法の1つに，**地下水フットプリント**がある（図1）。これはエコロジカルフットプリントと同様に，持続可能性を土地の面積で表す方法である。現在の地下水利用を続けながら地下水貯留量を維持するために必要な面積（GF：灰色のエリア）を，実際の地下水帯水層の面積（A_A）で除した値（GF / A_A）である地下水ストレスは，全世界平均で 3.4 である。つまり，現状の地下水利用を続けるには実際の 3.4 倍の面積がないと賄えないことを示しており，持続可能ではない地下水利用の状態を示している。河川水などの表流水を含めた水全体のウオーターフットプリントは，カーボンフットプリントと同様に量で表すが，地下水は流れが遅く面的に広く分布しているため，**エコロジカルフットプリント**のように土地の面積で地下水フットプリントを表現することができる。

表1　大陸別地下水の利用および現況

	灌漑用地下水利用（km³/年）	地下水貯留量の減少（km³/年）	食料輸出による地下水貯留量減少（km³/年）
対象（年）	2000	2001-2008	2010
アフリカ	17.86	5.5	0.32
アメリカ	107.36	26.9	7.34
アジア	398.63	111.0	11.81
ヨーロッパ	18.21	1.3	0.69
オセアニア	3.30	0.4	0.11
全世界	545.36	145.0	20.26

出　典：Dalin, C., Taniguchi, M. and Green, T.R. 2019. Unsustainable groundwater use for global food production and related international trade. Global Sustainability 2: e12, DOI: https://doi.org/10.1017/sus.2019.7.

食料貿易による地下水を介した他地域との繋がり

農業活動における地下水の利用は，その地域の地下水貯留量を減少させる。しかしその原因はその地域だけにあるのだろうか？　現代における食料は，グローバル経済のなかで輸出入され，生産と消費が国境を越えて繋がっている。そしてこの**食料貿易**を通して，地下水がバーチャルにグローバルで繋がっている。

表1は，灌漑用地下水利用，地下水貯留量の減少量，食料輸出による地下水貯留量減少を大陸別に示している。食料輸出によるバーチャルな地下水輸出による地下水貯留量の減少はアジアで最も多く，世界の 58 ％ をしめている。これは穀物生産に利用される地下水が，食料貿易によって大陸間で繋がっていることを示している。日本ではコメ以外の**食料自給率**は約 40 ％ と非常に低く，他地域に食料を大きく依存している。このことは，国外の地下水環境に負荷を与えていることを示している。

越境問題と食料・水の安全保障

越境地下水は，国境などの行政界を超えて物理的につながっている地下水を指す。このような地下水帯水層では，上流域での地下水利用が国境などの境界を超えて下流域に直接影響を与える。これに加え，食料生産地での地下水の消費は，グローバルな食料貿易を通して食料輸入側の国との間で，遠隔でバーチャルにつながっている。この関係性は，地球温暖化による気候変動や紛争・戦争により，食料生産や貿易に影響が出るグローバル化した社会において，食料やそれを支える**水資源**と関連した安全保障問題として捉えることができる。国家の安全保障や資源ナショナリズムを超えて，限られた地下水資源の持続可能な利用を，地球的課題として捉える必要がある。

（谷口真人）

47. 災害とハザードマップ
災害に備えるためのハザードマップには何が求められるのだろうか

> **アクティビティ**
> 1) ハザードマップは防災においてどのように扱われているのだろうか.
> 2) 公的機関が提供している現状のハザードマップは十分機能しているだろうか.
> 3) ハザードマップをどのように活用したらわたしたちの防災に役立つだろうか.
> **キーワード**：ハザードマップ，津波，気候変動，気象災害，治水地形分類図，地理院地図，水害，
> 土地利用

　日本では20世紀末以降，大規模な災害が繰りかえされるたびに**ハザードマップ**が重視されてきた。地理学においては，1959年の伊勢湾台風の前に作られていた地形分類図が災害の予測に有効だったことから，災害予測図としてのハザードマップの必要性が主張されたが，20世紀末以降のハザードマップはこれとは性格を異にし，行政機関の意向と責任において作成されている。皆さんの身近に配られているハザードマップを確認し，その有効性を多少批判的に見てみよう。ハザードマップを見てどんな災害が起きるか想像できるだろうか。災害は起きる度に異なる性格を持つことから，その備えをたった1枚の図で考えることは不可能なのかもしれない。ハザードマップを見ながらまちを歩き，様々な地図や写真やインターネットを活用して補おう。それこそが防災のための地理的アプローチだ。

ハザードマップとは

　ハザードマップは予測地図と防災地図の2つの機能を持っている。すなわちハザードマップは，まずどのような災害が起きるかを知らせ，次にどのように対処すべきかを伝える。しかし予測には幅がある。そのため対処方法も1つではないため，鵜呑みにしてはいけないという問題を抱える。東日本大震災による津波の際にこのことが注目を集めた。

行政機関が提供するハザードマップ

　最近は地方自治体に各種の災害に対するハザードマップ作成が義務づけられているため，大判の印刷図が全戸配布されたり，インターネット配信されたりしている。洪水ハザードマップにおいては，河川管理者である国や県が浸水想定図を作成し，市町村はその上に避難所等の防災情報を追加する。そのため防災対策に責任を負う市町村が，災害予測にどの程度の不確かさがあるか知らないという問題が生じている。

　実際のハザードマップを見てみよう。正方形のメッシュに区切られて浸水の深さに色分けされていることに不自然さを感じないだろうか？　洪水は地形との関係が深いことは言うまでもないが，それとは輪郭が異なるメッシュ情報では洪水の様子がイメージしにくい。水はどちらから流れてくるかもわからない。自分の家の場所に色がついていなかったら安心するということで良いだろうか？

　東日本大震災の際，宮城県や福島県で**津波**ハザードマップが大幅に間違っていたことが問題になった。それは津波の予測を過小評価し，海岸砂丘を越えないと判断したからだった。「想定外」とさかんに呼ばれたが，それは必ずしも予測できなかったという意味ではなく，積極的に対策上「想定しなかった」という意味だった。すなわちどのような出来事を「想定」するかによってハザードマップは変わるのだ。

最近は**気候変動**（地球温暖化）の影響から**気象災害**が顕著になっていると指摘される。そのため，洪水の「想定」が見直され，ハザードマップも作り直されている。

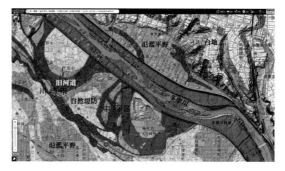

図1　地理院地図で見られる治水地形分類図の一例

治水地形分類図・地理院地図の活用

「想定」によって変わるハザードマップだけを信じることに問題があるとしたら，どうしたら良いだろうか？　河川の氾濫は，人工堤防などによって制御された河川が，元の自然の状態に戻ることでもある。自然の状態を知る上で有効な資料として，**治水地形分類図**がある。とくに河川沿いの平野は，過去およそ1万年間（完新世）に河川氾濫により形成された。元々川が流れた「旧河道」，河道に沿って土砂が堆積した「自然堤防」，洪水時に水が滞留した「後背湿地」（「氾濫平野」と呼ばれることもある）などの微地形が形成された。

河川が自然状態に戻ったらどうなるか，微地形ごとに災害リスク（危険性）がどのように異なるか想像しよう。最近はこうした地図を，国土地理院のインターネットサイト「**地理院地図**」で見ることができる（図1）。そこには「旧河道」，「氾濫平野」，「自然堤防」などの凡例がある。これは文字通り，氾濫が繰りかえされた範囲である。自分の家がこうした場所（とくに前二者）にある場合には，たとえハザードマップで着色されていなくても，**水害リスク**があると理解し，大雨の際には避難する必要があると考えた方が良い。地形分類図を見ると洪水時の水がどちらからくるかもわかるため，避難経路をどう選ぶべきかも考えることができる。

期待と現実

かつて20世紀後半の高度経済成長期においては，災害履歴図は作成できても，予測図の作成は憚られた。堤防等の河川整備が進み，洪水が起きないことを前提とした都市開発が進んだ。しかし21世紀初頭以後，その前提が見直され，洪水時の避難を徹底するためにも予測図としてのハザードマップが作成・公開されるようになった。洪水は堤防やダムなどのハード対策だけでは防ぎきれないので，洪水時の避難や，洪水を想定した**土地利用**についても心がけようと考え始めた。これが近年の「流域治水」の概念である。

日本政府は2020年，避難の在り方も見直した。従来は災害リスクが高まると「全員避難」と言ってきたが，これからは，各自がハザードマップを見て避難の要否を判断することになった。また，都市再生特別措置法などを改正し，危険性の高い場所の開発を抑制することを決めた。不動産取引の際には洪水ハザードマップの情報提供が義務化された。

このようにハザードマップへの防災対策上の期待が大きくなっているが，ハザードマップの整備は追いついていない。また現状のハザードマップの作り方が，災害を理解する上で最適かどうかという社会的な議論も不足している。

日本列島は世界的にも顕著な湿潤変動帯に位置するため，災害リスクは他国に比べて高い。しかし従来の日本の開発計画は，必ずしもこの点を重視してこなかった。水害以外にも地震，火山，土砂災害，地盤災害等，各種のハザードマップの整備が進みつつある中で，国土計画を見直す時期にきているのかもしれない。　　　　　　　　　　　　　　　　（鈴木康弘）

48．生物多様性・絶滅危惧種

生物多様性はなぜ大切なのだろうか

> **アクティビティ**
> 1) 日本でオオカミの再導入をしようとするとどういう問題が生じるだろうか．
> 2) わたしたちは生態系からどのような恩恵を受けているだろうか．
> 3) 人間中心主義とは別の立場から生物多様性の大切さはどのように主張できるだろうか．
> **キーワード**：持続可能な開発目標（SDGs），生物多様性，生態系，生態系サービス，生物資源，
> 国連環境開発会議（地球サミット）

　持続可能な開発目標（SDGs）の中に「海の豊かさを守ろう」，「陸の豊かさも守ろう」とある．そこには，自然の豊かさを守ること，**生物多様性**を守ることが含まれる．生物多様性は，ある1つの生物種の中での遺伝子の多様性，多くの生物種が存在しているという意味での種間の多様性，さまざまな生物種が有機的に結びついて成り立っている**生態系**の多様性からなる．現代は，これらの多様性が急速に損なわれており，地球環境問題の重要な1つになっている．なぜ生物多様性は大切なのだろうか．

オオカミの再導入をめぐって

　日本の農山村では，人口の減少や高齢化が進み，耕作放棄地が増え，イノシシやシカなどが人間の生活空間に入り込み，深刻な獣害を引き起こしている．人間の側からみれば，農作物の被害や遭遇した際の身体の危険であり，獣の立場からみれば，イノシシは年間56万頭，シカも年間53万頭（2020年度）が捕殺されるという命の問題である．人と野生動物の関係がいびつになった背景の1つにオオカミを絶滅させてしまったことがある．捕食者として生態系の頂点にいたものが欠けることで，バランスを取るために人間が関与し続けなければならなくなった．

　オオカミを減らしたのは欧米も同じである．人や家畜への被害は減ったものの，生態系のバランスが崩れてしまった．そこで一部の地域ではオオカミの再導入が試みられている．アメリカのイエローストーン国立公園では，1995年からオオカミの再導入が試みられた．オオカミがいなくなったことで，エルク（大型のシカ）が大繁殖し，ポプラの芽など水辺の植物を食べ荒らし，地面がむき出しになり，土壌流出が進んだ．オオカミの再導入により，これらの問題が解消されたという．

　生態系はさまざまな要素が有機的に結びついて機能しており，その一部を損なうと予期せぬ出来事を招いてしまうことがある．漁業被害をもたらすとラッコを駆除したところ，むしろ漁獲量が減ってしまったという話もある．人間は

オオカミ駆除・不在（1930年代～1995）

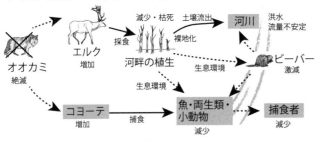

オオカミ再導入（1995～　　）

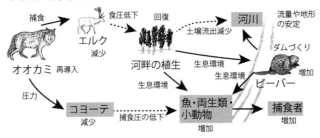

図1　イエローストーンにおけるオオカミと生態系（筆者作成）

生態系を思うようには管理できない。

生物多様性の危機と生態系サービス

　現代は大絶滅時代にあるといわれる。地球では過去に5回，生物種の大絶滅が生じた。天変地異が引き金となった過去の大絶滅と違い，現代の大絶滅は，人間活動に起因し，過去にない速度でもたらされている。恐竜が生息していた時期は，平均すると1,000年間に1種程度が絶滅していたものが，今後の数十年で100万種の動植物が絶滅するといわれる。人間がその存在に気が付くことなく地球上から消えている種は数知れない。種の絶滅や生物多様性の喪失が導くものは何だろうか。生き物が好きだから守りたいという情緒的な理由ではすまない問題であり，生物多様性の喪失は，人類の生存にとっての脅威なのである。

表1　日本の生態系サービスの状態と評価

サービス	評価項目	過去50年～20年の間	過去20年～2020年
供給	農産物	減少	やや減少
	水産物	やや増加	やや減少
	木材	やや減少	やや増加
調整	気候の調節	―	やや減少
	水の調節	―	(やや減少)
	災害の緩和	(やや増加)	(横ばい)
文化的	宗教・祭り	減少	やや減少
	教育	やや減少	横ばい
	観光・レクリエーション	やや増加	やや減少

注：括弧は定量評価に用いた情報が不十分であるもの．―は未記載．
出典：環境省 2021.『生物多様性及び生態系サービスの総合評価2021』表3より作成．

　生態系と人類の生存を関連づける概念として「**生態系サービス**」という考え方がある。わたしたちは地球の生態系が維持されていることで，無償で計り知れない恩恵を受けている。その恩恵を「生態系サービス」という。生態系が提供するサービスには，食料，燃料，木材，繊維，薬品，水など生活に不可欠な資源を提供する「供給サービス」，森林が洪水を起きにくくしたり，水資源を涵養したりするような役割を果たす「調整サービス」，自然に触れることで癒やしや芸術的なインスピレーションを与えたり，観光やレクリエーションの場を提供したりする「文化的サービス」，これらのサービスの提供を長期的かつ安定的に下支えする「基盤サービス」がある。例えば，瀬戸内海などに生息するカブトガニは，日本では保護対象となっているが，欧米では，その血液が医薬品の安全性を確保するための試薬の生産に利用されている。新型コロナウィルスのワクチン開発においても重宝された。また，2015年にノーベル医学・生理学賞を受賞した大村智氏は，土壌中などにいる微生物の生産する有用な天然有機化合物の研究を続け，寄生虫が原因となる病気の治療薬を発見した。未知の生物の中に人類にとって有用な資源が埋もれているのである。生物多様性を損なうと人類が当たり前のように受け取ってきた生態系サービスを受けられなくなるかもしれない。

野生生物との共存に対するいろいろな立場

　「生態系サービス」という考え方は，人間にとっての利害という観点，生物多様性を**生物資源**と見る立場から提唱されている。このような立場は人間中心主義的と批判されることもあるが，1992年の**地球サミット**で採択されたリオ宣言の第1原則に挙げられた立場であり，国際的なルールづくりの前提となる。しかし，あえて第1原則とするくらいに，生物多様性の保全や野生生物との共存を図る際に対立を生むことがある。例えば，生態系中心主義とか生命中心主義といわれる立場は人間中心主義と相対するし，ディープエコロジーや「自然の権利」など哲学的な議論もある。一方，現実的な論争を生むものとして捕鯨問題があげられる。価値観の違いが話のかみ合わない国際的な対立になってしまう。生物多様性を大切にすることの意味を，それこそ多様な観点から考えてみる必要がある。　　　　　　　　　　　　　　（淺野敏久）

49. 人口問題
地方圏ではどのような地域振興対策が行われているのだろうか

> **アクティビティ**
> 1）地域おこし協力隊とはどのような制度なのだろうか.
> 2）隊員はどのような活動をしているのだろうか.
> **キーワード**：高齢化, 聞き取り調査, グローバル化, 外国人観光客, インターネット

　日本の総人口は2008年に1億2,808万人のピークを迎え, その後減少が続いている。人口の増減には大きな地域差があり, 東京圏では依然として人口の増加が続いているが, 地方圏の道府県では**高齢化**が進み, 過疎化や人口減少が深刻化している市町村が多い。地方圏における自治体では, こうした諸問題を対して多様な取り組みが行われている。ここでは, 地域おこし協力隊に注目し, 特に外国籍の隊員の活動に関して, **聞き取り調査**から明らかになった内容を紹介したい。日本人隊員の活動内容は, 国や自治体のホームページなどで, 比較的よく公表されているからである。

地域おこし協力隊とは
　人口減少に直面している市町村の地域振興に関する施策の1つとして, 総務省の主導で2009年に始まった地域おこし協力隊という制度がある。地域おこし協力隊は, 都市地域から過疎地域等の条件不利地域に住民票を異動し, 地域ブランドや地場産品の開発・販売・PR等の地域おこし支援や, 農林水産業への従事, 住民支援などの「地域協力活動」を行いながら, その地域への隊員の定住・定着を図る取組である。2021年度の全国での隊員数は6,005名で, 神奈川を除く46都道府県, 1,085自治体で採用されている。採用数は, 東京・大阪・愛知では少ないが, 地域課題の多い市町村を含む道県では多い（図1）。隊員の大多数は日本人であるが, 現在では外国籍の人も隊員に採用できる。これは人の**グローバル化**の一例とみなせよう。日本人の活動に関する報告は数多いので, ここでは, 4人の外国籍隊員（図2）の活動に関し聞き取り調査から得られた知見を紹介したい。外国籍隊員の活動は, **外国人観光客**の誘致に関連するツーリズム関係とそれ以外に二分できる。

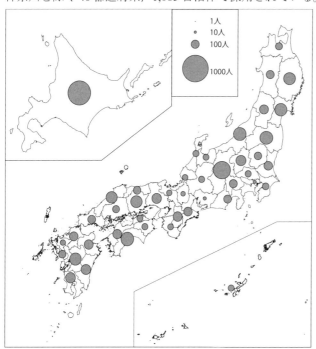

図1　都道府県別の地域おこし協力隊員の数（2021年度）
出典：総務省（2022）

ツーリズム関係の活動の事例
　山形県朝日町の隊員の林以真さん（台湾国籍）は, 2020年2

月から隊員として活動しており，主な仕事は台湾からの観光客誘致である。しかし，着任当時からのコロナ禍によって，予定されていた本来の仕事を進めることができていない。しかし，観光客の受け入れ計画をじっくり検討する時間の余裕ができた，と前向きにとらえている。朝日町内には有望な観光スポットが点在しているが，町単独で観光客を引きつけるのはやや難しいため，同じような意向を持っている近くの自治体と連携した観光ルートを作れないか，検討中である。

鳥取県三朝町の隊員のリエヴェン・アントニーさん（フランス国籍）は，2011－16年にJETプログラム（語学指導等を行う外国青年招致事業）で三朝町に滞在し国際交流員を務めた。2019年7月に同町の地域おこ

図2　聞き取り調査を行った外国籍の隊員
左上：林以真さん，右上：リエヴェン・アントニーさん，左下：オーラック・メヘルナーズさん，右下：デイビッド・カパララさん

し隊員となって以来，主に外国人観光客の誘致に向けた活動をしている。2020年からのコロナ禍によって外国人観光客は激減したが，この間，ドローン撮影を含む町内の観光情報の整理や多言語化，観光案内所の体制の充実，**インターネット**での観光情報の発信，などに努めている。

それ以外の活動の事例

長野県長野市の隊員オーラック・メヘルナーズさん（イラン国籍）は，2020年8月に隊員となった。当初は，市内の篠ノ井信里地区から転出した若者向けのイベントの手伝いをしていたが，コロナの感染拡大後はそれが難しくなった。現在は，空き家対策を担当し，空き家の持ち主や売買意向について調査している。ただし，空き家調査はプライバシーの問題と深く関わっているために，地元住民から必ずしも積極的な協力が得られないという苦労もされている。

奈良県川上村の隊員のデイビッド・カパララさん（アメリカ国籍）は，2012－14年にJETプログラムで同村の英語教師を務めた。2019年8月から隊員として活動しており，主な仕事はビデオ・ジャーナリストとして川上村の歴史と文化を世界に発信することである。これまで，吉野林業や木工職人のビデオを作成しているし，第二次世界大戦中にB29が大峯山に墜落した事件について，米側の資料も使って，乗員の消息を明らかにしたNHKのドキュメンタリー番組の作成に協力するなど，興味深い活動を行っている。

地域振興に対する役割

地域おこし協力隊が始まって10年以上経過しているが，この制度は地方圏の多くの自治体の地域振興に貢献しており，高く評価できる。ただし，2020年以降コロナ禍の影響を受け，思い通りの活動ができていないのは残念である。外国籍の隊員は，出身国からの観光客誘致に従事するケースが多いが，一般的に，日本人隊員と比べ，採用されている自治体だけでなく，その範囲を超えた国内の諸地域あるいは海外と繋がる活動を任されていることが多い点に，重要な特色がある。特にJETプログラムの経験者は地元をよく知っており，それが隊員としての優れた活動に結びついている。とはいえ，地方圏の自治体には多くの課題があり，日本人であれ外国人であれ，地域おこし協力隊員の採用によって当該市町村の活性化が機械的に実現する，と考えることはできない点に，注意が必要である。　　　　　　　　　　（石川義孝）

50．高齢化

アメリカの高齢者はなぜ砂漠地帯に移住するのか

アクティビティ
  1）高齢者が引っ越しをする理由としてどんなものがあるかを考えてみよう．
  2）日本で引退移動の高齢者を受け入れているのはどんなところかを調べてみよう．
キーワード：砂漠，イギリス，リゾート地，アメリカ合衆国，高齢化

　カリフォルニア州やアリゾナ州の砂漠地帯の上空から地表を見ると（あるいは Google Earth でもよい），**砂漠**地帯の真ん中に不思議な模様が見えてくる．長方形や円形のような単純な形状の畑とは明らかに異なる，蚊取り線香のような同心円と不規則に蛇行する川のような帯状の緑の組み合わせがあちこちに確認できる．実はこれらの多くはリタイアメント・コミュニティと呼ばれる退職した高齢者のためのコミュニティである．高齢者はなぜ，砂漠地帯の住宅地に住んでいるのだろうか．そこでどのような生活をしているのだろうか．

サンシティ・アリゾナ

　アリゾナ州の州都フェニックスから北西に車で1時間ほどのところに，リタイアメント・コミュニティの元祖と呼ばれるサンシティ・アリゾナがある．実際に訪れてみると，住宅地の縦横を貫く幹線道路から分岐する道路は上空から見たとおりに緩やかな曲線を描いており，道の両側には何十もの家が建ち並んでいる．どの家も道路に面して庭と駐車スペースがとられ，その奥に白いコンクリートの平屋建ての住宅が見える．幹線道路に戻って車を走らせるとすぐにショッピングモールが見え，近くには公園や教会，ゴルフ場などもある．さらに数分走ると別のショッピングモールが現れてくる．

　サンシティ・アリゾナは総面積 8,900 エーカー，総戸数 2 万 7,500 戸，約 4 万人が住むコミュニティである．内部には大小合わせて 21 のショッピングセンター，11 のゴルフ場と 7 つのレクリエーションセンターが計画的に配置されている．近隣に大病院があるほか，各ショッピングモールの中に小規模なクリニックが開業している．暑さのため，徒歩で移動している人はあまり見かけないが，高齢者の生活に必要な施設・サービスのすべてが徒歩圏内に整備されている．規約によって世帯構成員の少なくとも 1 人が 55 歳以上であることが居住資格として定められており，19 歳以下の子どもには永住資格が認められていない．そのため，ほとんどの世帯が高齢者の夫婦世帯であり，まさに高齢者のためのコミュニティである．

サンシティ・アリゾナでの生活

　サンシティ・アリゾナを訪れて驚くのは，住民が若々しくて活動的なことと，レクリエーション施設の数の多さ，設備の充実ぶりである．ゴルフ場はいずれも 18 ホールのコースを備えており，クラブハウスを併設する本格的なゴルフ場もある．レクリエーションセンターには大きなプールが整

図1　上空から見たリタイアメント・コミュニティ

備されており，シンクロナイズドスイミング
のクラブもある。ほかにもボーリング場，テ
ニスコートなどの運動施設や，図書館，美術・
工芸施設なども数多く設けられており，施設
を拠点に多彩なクラブ活動が展開されている。
ゴルフ場やボーリング場など別途利用料が必
要となる施設を除いて，住民は年間1世帯当
たり496ドルの分担金を支払うことでこれら
の施設を自由に利用することができる（金額
は2022年9月時点）。

図2　サンシティ・アリゾナのまちなみ

　さらに驚くべきは，それらの施設を管理運
営しているのが住民である高齢者自身だということだ。サンシティは行政上の市ではなく，住
宅の所有者たちによって構成される自治組織によって運営されている非行政コミュニティであ
る。そのため市税はかからないが，コミュニティが所有するレクリエーション施設の管理運営
から，道路や公園の清掃，ゴミの収集や消防といった通常は行政が行うサービスに至るまで，
すべて自分たちで費用をまかなって行っている。レクリエーション施設で働いている人の多く
は住民であり，彼らを雇っているのも住民たちの自治組織である。ゴミの収集や消防は業者に
委託しているが，住民ボランティアが手伝うことで，委託費用を軽減し，街を美しく保ってい
る。自分たちに必要なことを自分たちで行うことでコミュニティが住みやすくなり，金銭的な
負担も軽減できることが，住民たちの誇りであり，生きがいにもつながっている。

引退移動と地域

　高齢化の進展に伴って移動する高齢者も増加した。高齢者が引っ越しをする理由はさまざま
だが，職業や子育てからの引退を機に引っ越すことを引退移動と呼ぶ。ふるさとにUターン
する人もいれば，生活環境を変えるため，あるいは若い時に果たせなかったライフスタイルを
実現するために引っ越しをする人もいる。引退移動が顕在化したのは19世紀後半の**イギリス**
だ。産業革命の波に乗って成功して富を築いた人たちが生活環境の悪い都会から南部の**リゾー
ト地**に数多く移住し，ブームとなった。**アメリカ合衆国**では1940年代頃に東海岸から南部の
フロリダ半島への引退移動が目立つようになった。気候のよい場所で趣味を満喫しながらアク
ティブに過ごしたいという高齢者のニーズをいち早く察知した民間企業によって，何もない広
大な砂漠の土地に人工的につくられたのがサンシティ・アリゾナだったのである。1960年に
分譲が開始されたサンシティ・アリゾナの成功をきっかけに，周辺にはいくつものリタイアメ
ント・コミュニティが建設され，アリゾナ州は一躍，リタイアメント・コミュニティのメッカ
となった。その後，カリフォルニア州，フロリダ州といった温暖な気候の地域に数多く建設さ
れたが，**高齢化**の進展とともに現在では全米各地に建設されている。

　引退移動を行った高齢者の中には，加齢に伴う心身の衰えや配偶者との死別に伴って再び転
居する人もいる。そのためコミュニティを存続させるためには，常に新たな住民を引きつけて
住民の入れ替わりを促すことが必要となる。一方，最後まで住み続けたい人には心身の衰えに
応じた継続的なケア（continuing care）の提供が必要となる。アクティブなシニアを対象とし
て始まったリタイアメント・コミュニティのあり方も変化している。　　　　　（田原裕子）

51. ジェンダー
世界のジェンダー・ギャップはどのようになっているのか

> **アクティビティ**
> 1) 性（sex）とジェンダー（gender）の関係と，両者の違いは何だろうか．
> 2) グローバル・ジェンダー・ギャップ指数には，どのような地域差があるだろうか．
> 3) 日本のジェンダー・ギャップを縮小させるためには，何が必要だろうか．
> **キーワード**：ジェンダー，持続可能な開発目標（SDGs），ジェンダー・ギャップ指数（GGI），リプロダクティブ・ヘルス／ライツ，サブサハラ，ムスリム

　性（sex）とは，ある個人が男性・女性・どちらでもない性であることを規定する生物学的特徴のことである。これに対して**ジェンダー**（gender）とは，生物学的性を土台として社会的に作り上げられた「男らしさ」・「女らしさ」のことである。ジェンダーの在り方は地域や時代によって変化するが，どんな社会であれ，人びとはあるべき男性・女性像（ジェンダー規範）やあるべき男女間の社会的関係（ジェンダー関係）の影響下で生活している。

　ジェンダーが問題になるのは，多くの社会において，女性（および伝統的な性別に収まらない性）に関連するとみなされる属性や能力が社会において低く見られているからである。ひどい場合には女性の健康や生存までもがないがしろにされる。国連の**持続可能な開発目標（SDGs）**において目標5［ジェンダー］が設定され，「ジェンダー平等を達成し，すべての女性および女児の能力強化を行う」とされているのは，このような現実があるからである。

ジェンダー・ギャップ指数について

　世界経済フォーラムは，本質的なジェンダー・ギャップ（男女格差）を経済，教育，健康，政治の4分野にまとめ，さらにはそれらを1つの指標に凝縮した**ジェンダー・ギャップ指数（GGI）**を公開している。2021年の報告書によると，GGIは67.7％であった。これは，男女格差の67.7％が解消され，32.3％が残存していることを意味する。GGIを構成する4分野のうち，教育（95.0％）と健康（97.5％）においては，表面上はかなりの男女平等が達成されてい

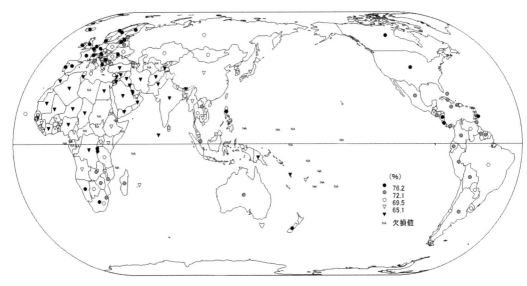

図1　国別の GGI
出典：World Economic Forum 2021. Global Gender Gap Report 2021: 10.

る。しかし，教育について
は，アフリカなどにおいて
女児の就学率が男児に比べ
て目立って低い地域が残っ
ている。健康についても，
**リプロダクティブ・ヘルス
／ライツ**すなわち生殖に対
する女性の自己決定権の保
障は，先進国においてもい
まだに課題であり続けてい
る。

表1　地域別のGGI

	総GGI	個別分野のGGI			
		経済	教育	健康	政治
西ヨーロッパ	77.6	70.0	99.8	96.7	43.8
北アメリカ	76.4	75.3	100.0	96.9	33.4
中央・南アメリカ，カリブ海地域	72.1	64.2	99.7	97.6	27.1
東ヨーロッパ・中央アジア	71.2	73.5	99.7	97.7	14.2
東・東南アジア，太平洋地域	68.9	69.6	97.6	94.9	13.5
サブサハラアフリカ	67.2	66.1	84.5	97.3	20.8
南アジア	62.3	33.8	93.3	94.2	28.1
中東，北アフリカ	60.9	40.9	94.2	96.5	12.1
世界平均	67.7	58.3	65.0	97.5	21.8

注：人口によって重みづけした国を単位とした平均．
出典：World Economic Forum 2021. Global Gender Gap Report 2021: 23.

　経済と政治については，
男女平等の達成度が低いことに加え，国家間でのばらつきが非常に大きい。しかも，南アジアでは，経済のGGIが最も低い地域でありながら，政治のGGIは世界平均よりも高いなど，経済や政治における男女格差のあり方は，国による違いが大きい。

ジェンダー・ギャップの世界地図

　GGIのランキングの上位を占める国は，北西ヨーロッパに多い。しかし，アフリカ南部や中央・南アメリカにも，GGIが高く男女格差が相対的に解消されているとみられる国が分布している。中央・南アメリカについては，女性の国家元首・首相を数多く輩出してきたことが注目される。なお，経済発展とともに，男女格差が解消されるわけではないことは，日本や韓国のGGIの際立った低さが証明している。

　GGIが低い国は，南アジア，中東・北アフリカ，**サブサハラ**など，**ムスリム**の多い地域で目立つが，GGIの高低の原因を特定の宗教のみに求めるべきではない。基本的な権利の保障や機会へのアクセス，さらには健康や生存が性によって差別されている状態を是正することは，宗教や文化に基づく価値判断とは切り離して追求するべき地球的課題なのである。

日本の状況

　日本のGGIは65.6％であり，156カ国中120位，先進国のなかでは最下位である。特に政治（6.1％，147位）と経済（60.4％，117位）は，悲しい結果である。女性首相を持った歴史がなく，国会議員に占める女性の割合が10％弱という日本の状況は，世界的にみて例外なのである。経済の分野のうち就労については，労働力率の男女差は縮小しているが，管理職に就く女性の割合の低さや，パートタイム就労者の割合の高さが足を引っ張っている。

　政治や経済に単に参加することを超えて，女性がその中でより高い地位に就くようにしていかない限り，こうした状況は変わらない。議会における男女比を定めるジェンダー・クオーター制を採用している国は少なくないが，GGI3位のノルウェーでは，株式会社の役員のジェンダー・クオーター制が法によって義務付けられている。こうした制度に加えて重要なのは，人びとの意識の変革である。既存のジェンダー規範やジェンダー関係を全否定する必要はないが，より多くの人が「男らしさ」・「女らしさ」よりも，「自分らしさ」・「あなたらしさ」を尊重するようになれば，日本のGGIはおのずと向上するはずである。　　　　　　（中澤高志）

52. 健康と医療
COVID-19 はどのように拡大したのか

> アクティビティ
> 1) COVID-19 パンデミックの拡大を，様々な WebGIS を通して確認してみよう．
> 2) 世界を一周するのに必要な時間を時代ごとに調べてみよう．
> 3) 健康的な都市を造るには医療の整備以外に何を考えるべきだろうか．
> キーワード：新型コロナウィルス感染症，階層的拡散，近接的拡散，セグリゲーション，環境の不公正

　新型コロナウィルス感染症（COVID-19）は，2019 年 12 月に中国の武漢において最初の流行が確認された新しい感染症である．短期間のうちに世界各地へと流行が拡大し，2020 年の 3 月にはパンデミック（世界的流行）が世界保健機関によって宣言された．流行当初，有効なワクチンや治療薬が存在せず，世界各地で多くの健康被害が発生し，外出行動を制限する措置が繰り返された．この感染症はどのように拡大したのだろうか．

「八十日間世界一周」

　日本で最初の患者が報告された 2020 年 1 月中旬からしばらく，国内では散発的な流行が続いていたが，3 月末から患者が急増し 4 月 7 日には緊急事態宣言が発出された．この流行当初の 80 日ほどの期間は，COVID-19 が世界を一周するのに十分な日数であった．図 1 は，新型コロナウィルスのゲノム情報から推定された，パンデミックに至るこのウィルス感染の国際的な結びつきを示す主題図である．図中の円の大きさはゲノム情報が利用可能であったウィルスの検体量を示しており，必ずしも各地の流行規模と対応する訳ではない点に留意されたい．

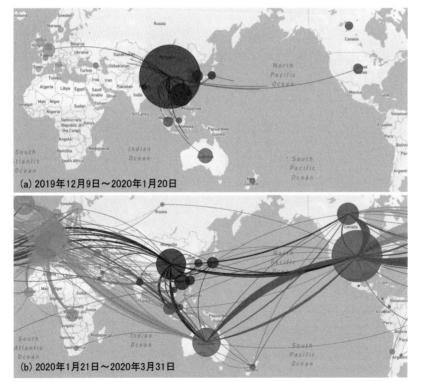

ここでより重要なのは感染の国際的な結びつきであり，ある地域から別の地域への伝播が推定される場合に，発地から反時計回りの弧を描く曲線が描かれている．2020 年の 1 月中旬までの図（図 1(a)）を参照すると，中国から世界各地域への拡大を示す円弧が多数みられる．その後，3

図 1　NEXTSTRAIN によるゲノム情報から見た COVID-19 流行の世界的拡大

(a) 2019 年 12 月 9 日〜2020 年 1 月 20 日
(b) 2020 年 1 月 21 日〜2020 年 3 月 31 日

月末までの状況を描いた図からは（図 1(b)），欧米諸国間での感染が著しく拡大し，これら欧米諸国が新たな流行の結節点となって，日本を含む東アジア諸国へと変異したウィルスをもたらしたこともわかる。このように短い期間で世界を一周するような流行の急速な推移は，感染症の流行動向の監視や対策における国際的な連携の必要性を示している。

大都市での流行拡大と社会格差

　COVID-19 の流行は当初，人びとの移動の結節点となっている大都市を中心に拡大した。このような規模の大きな都市から流行が拡大していく現象は，**階層的拡散**と呼ばれ，様々な感染症で共通してみられる（大都市からその周辺地域へと広がるような連続的な伝播を**近接的拡散**と呼ぶ）。大都市の中でも流行の拡大は一様ではなく，**セグリゲーション**が顕著な欧米の大都市では，社会的に弱い立場の人びとが多く暮らす地域で，流行による健康被害が偏って発生した。

　図 2 は，米国シカゴの COVID-19 死亡率とワクチンの接種率の地域差を，社会的に弱い立場にいる人びとの多さを示す社会的脆弱性指数（低所得者やエスニックマイノリティの構成比等の指標を合成）の地域差と比較できるように示した階級区分図である。この図から，社会的脆弱性指数の大きい（色の濃い）貧困な地区に，高い死亡率の地区が重なることが多い傾向が見て取れる。そうした地区で暮らす人びとは，就業機会が限られており対人接触を避けがたい職種につく傾向が多いことや，狭隘な住宅事情などが感染リスクを高めたと考えられる。また，経済的な要因などから医療を含む社会的サービス・支援を受けにくいといった事情も，健康被害のリスクを高める。図 2(b) に示すワクチンの接種率が貧困な地区で明瞭に低いことから，医療についても顕著な社会格差の存在が見て取れる。

　こうした COVID-19 による健康被害の居住地間格差をめぐっては，重症化に寄与する大気汚染が，社会的に弱い立場の人びとが多く暮らす地域で深刻化しやすいといった**環境の不公正**の影響も指摘されている。居住地の近くに十分な広さの緑地や公園があれば，人との接触を最小限に留めながら外出して運動する機会を持てるが，そうした好ましい環境資源も，貧困な地区でより少ない傾向があり，これも環境の不公正の一面である。このように欧米の大都市でみられた COVID-19 流行による健康被害の拡大は，居住地のスケールで見た様々な地理的な社会格差を反映して進行した。それは，誰もが健康に暮らせる都市のあり方を地理的な視点から考えていく重要性を示している。　　　　　　　　　　　　　　　　　　　　　（中谷友樹）

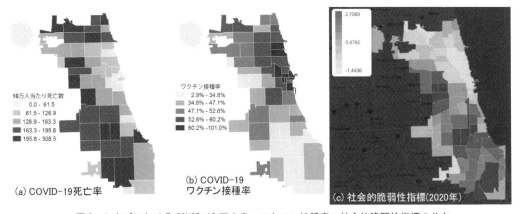

図2　シカゴにおける COVID-19 死亡率，ワクチン接種率，社会的脆弱性指標の分布
COVID-19 死亡率とワクチン接種率の分布図は The South Side Weekly 誌による 2021 年 6 月 27 日までの状況．社会的脆弱性指標は，イリノイ大学シカゴ校公衆衛生学部による．

53.　地震と津波

どのような防災教育が求められているのか

> **アクティビティ**
> 1) 防災の時間軸と担い手を示す図1の9つのマス目には，どんな防災の取組が入るだろうか．具体例を考えよう．
> 2) 東日本大震災時の釜石東中学校の避難の様子と同校で行われていた防災教育について，インターネットで調べよう．
> 3) 身近な地域の自然災害リスクと地形の関係，そして災害や防災の歴史について調べよう．
> **キーワード**：自助・共助・公助，防災教育，実践型防災教育と防災基礎教育，誘因と素因

　防災と聞くとまず避難を思い浮かべる人が多いと思われるが，避難は「緊急対応／自助」にほぼ限られたものであり，図1を見ると，本来の防災の取組はこれよりずっと幅広いことがわかるであろう。ここで検討する**防災教育**も，避難訓練だけでなく，幅広い実践的な内容を含むことが求められる。実は後述のとおり，防災教育にはさらに広い内容が求められる。東日本大震災において，大津波にみごとに対応した釜石東中学校の事例から，本節のテーマについて検討しよう。

防災の担い手／防災の時間軸	住民（自助）	近隣組織等（共助）	自治体・国（公助）
事前対策			
緊急対応			
復興			

図1　防災（実践型防災）のひろがり

釜石東中学校の生徒たちはどのように大津波から命を守ったのか：避難三原則

　2011年3月11日，岩手県釜石市の中心部から6kmほど北にある鵜住居地区にも大津波が押し寄せたが，その時学校にいた釜石東中学校の生徒たちは，より高い避難場所へと3段階で避難して命を守った。その数年前から，防災の専門家である片田敏孝の支援を受けつつ，生徒と教職員は防災に取り組んできた。当時のハザードマップでは津波は同校まではこないとされていたが，当地域が過去に何度も被災したリアス海岸にあることから，津波を想定した避難訓練をはじめさまざまな防災教育が行われていた（片田，2012）。

　同校の防災教育は，片田が提唱してきた「避難三原則」（①想定にとらわれるな，②最善をつくせ，③率先避難者たれ）に基づいて行われた。①はハザードマップに示された想定結果を鵜呑みにしないこと，②はどんな場面でもより安全な方法をとること，③は被害にあわないだろうという気持ちを排除して自分が率先して逃げること，である。この避難三原則は，言うまでもなく「緊急対応／自助」に関わるものであるが，③は率先避難者を見た人の避難誘発も期待するものであり，**共助**の意味も強く含まれている。そして①と②は，当該地域の災害メカニズムに関する知識を基盤とすることが明らかである。釜石東中の生徒と先生たちは，長くて強い地震動からマグニチュードが大きいこととそれにともなう巨大な津波を想像することができ，またリアス海岸では津波が大きくなりやすいことや第1段階目の避難場所の標高があまり高くないことを知っていた。津波想定の避難訓練を繰り返したことに加えて，当地の災害メカニズムに対する正しい理解が，適切な多段階の避難をもたらしたのである。

実践型防災教育と防災基礎教育

　防災教育とは一般には防災のノウハウを教えることを指すが，これを**実践型防災教育**（狭義の防災教育）とし，これに**防災基礎教育**をあわせるべきと鈴木（2007）は提唱している。実践型防災教育が一般に考えられているよりもかなり広い内容を持つべきことを図1に示したが，釜石東中学校の事例でもみたとおり，これにさらに防災基礎すなわち災害のメカニズムに関する教育も連携させるべき，という主張である。

　それでは，災害のメカニズム（原因）をどう捉えたらよいだろうか。自然災害が多い日本では，戦前から災害論が培われてきた。それを踏まえた戦後の地理学者の議論をもとにまとめたのが，図2である。大地震など災害のきっかけとなる（異常な）自然現象を**誘因**（ハザード）とし，それと地域の元々からの条件群（土地条件と社会的条件）を**素因**として，それらの兼ね合いで被害の有無や大きさが決まるという見方である。大地震がすぐに建物被害や人的被害に繋

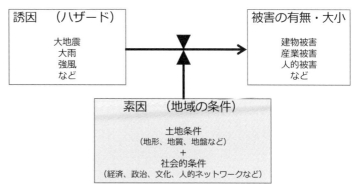

図2　自然災害の原因（村山（2022）による）

がるのではなく，その場所の地盤条件が軟弱か，液状化しやすいか，建物は堅牢か，その基になる耐震基準は厳しいか，堅牢な建物をつくるだけの経済力を住民は有しているかなどによって，被害はまったく違う。また，素因に働きかけることで災害発生前の対策ができること，地域の条件にあった防災が必要であることもわかるだろう。

地理の学習で防災

　学校の教科と防災についてみると，家庭科や保健体育科は実践型防災に，一方理科（地学），地歴科（地理），公民科は防災基礎に関する学習と，それぞれ強く関連することになる。例えば地理で「身近な地域の防災」について学習することを想定すると，ハザードマップ，地形図，地形分類図，昔の地図などを比較しながら読む，これらの地図を持って実際に歩いて観察する，地域の歴史に関する本を読む，地域の歴史に詳しい人や防災の専門家にインタビューするなどの方法が考えられる。「重ねるハザードマップ」，「地理院地図」，「今昔マップ」などのウェブサイトも役立つだろう。

　本節では地震と津波について取り上げたが，水害や土砂災害も含めて調べて欲しい。そのような学習の成果として，身近な地域の災害リスクを地形との関係を基に理解できるようになり，ハザードマップの想定外まで考えられるようになることが期待される（村山他，2021）。加えて，過去の災害や先人の防災の努力，古くからの集落の場所が災害を避けるように選ばれてきたことなどをきっと知ることになるだろう。そして，そのような地域学習は，身近な地域を見直して誇りを感じることにも繋がり，地域の条件にあった実践的防災へと誘導するに違いない。地理および地理教育には，防災基礎教育と実践型防災教育を繋ぐ，実際に役立つ防災教育への貢献が求められている。

（村山良之）

54. 先進国自動車のリサイクル

自動車のリサイクルはどのようになっているのか

> **アクティビティ**
> 　1) 日本の自動車リサイクルシステムは，なぜ現在のような形になったのか？
> 　2) 脱炭素というトレンドの中，自動車リサイクルはどう変わっていくのだろうか？
> **キーワード**：世界商品，自動車，豊島事件，脱炭素，CASE

「**世界商品**」という概念がある。地球上の人間が共通して求める商品のことである。世界史上様々な「世界商品」が登場し，人間の生活様式を変えていった。綿織物や砂糖は著名な「世界商品」の例である。「世界商品」は，時代が進むにつれて増えていく。21世紀に入ってからの「世界商品」の1つは間違いなくスマホであろう。そして，20世紀の代表的な世界商品の1つは「**自動車**」であった。現在では自動車のない世界は想像できないほどである。

自動車の寿命とグローバルに展開する中古車市場

　技術革新やモデルチェンジによって，より性能の良い新しい自動車が製造・販売される。では時代遅れになった，古い自動車の運命はどのような最期を迎えるのだろうか？

　自動車は住んでいる地方によっては必需品だが，一般には高価な商品ゆえ奢侈品（贅沢品）とも考えられる。このためかなりの消費者は，新車ではなく中古車を購入する。また，高品質な日本車は海外でも需要があり，中古車として，毎年100万台以上の中古車が世界商品として日本から輸出されている。しかし，いよいよ国内でも海外でも，そのクルマに中古車としての需要がなくなったとき，あるいは解体した方が，より大きな利益が見込まれると業者が判断した時，自動車は解体工程に回され，リサイクルされる。

自動車リサイクル業者の収益源－中古部品販売と素材リサイクル－

　日本には，自動車の解体を主たる生業としている業者がいる。まずは彼らの手によって，解体用の自動車に残存しているオイルや廃液の抜き取り，バッテリーやタイヤの取り外し，フロン類やエアバッグ類等の回収もしくは無害化が行われる。

　同時に解体業者は売れ筋の部品を取り外す。取り外された中古部品は国内外の需要先（修理業者など）に新品部品よりも格安で販売される。日本発の中古部品は，海外の中古部品市場でも好評である。また，後述する中国ショック後はとくに，海外からの企業家が日本に進出して解体業を営み始めた。解体業者のもう1つの収益源は，自動車を構成する素材，主として金属スクラップの回収・販売である。最近は自動車材料にプラスチック類を使う割合が増えてきたが，それでも自動車の主素材は鉄・非鉄である。これら金属類を効率的に取り出すために導入されたのが，シュレッダーという破砕機である。しかし，シュレッダーは自動車を構成する素材のうち，鉄および一部の非鉄スクラップを効率的に回収するには優れた装置であっても，それ以外（廃プラスチック，廃ガラス，土砂等）は，シュレッダーダストと呼ばれるごみと

図1　鹿児島県の離島で一部業者が売れ筋の部品等を外して野積みしていた廃車のヤマ

なってしまう。

豊島事件

　1990 年に，瀬戸内海に浮かぶ豊島^{てしま}という離島で，自動車由来のシュレッダーダストの不法投棄が警察により摘発された。不法投棄現場にはこのほか，汚泥やドラム缶に入った化学物質，製紙スラッジ等が無作為に放置された。行政側はこのような悪徳業者の行為を，是正させるどころかかばう姿勢をとった。そこで，豊島住民は団結して，不法投棄現場の原状回復と行政側の謝罪を求めて，公害調停を起こした。この事件は**豊島事件**と呼ばれ，おおよそ四半世紀にわたる住民運動の結果，世論の味方も得て，最終的に 2000 年に住民側の要求は認められた。そして汚染土壌の撤去と再資源化が行われ，2017 年に汚染土壌の撤去が一応宣言された。

図2　日本発の自動車中古部品も多く販売されている専門市場（タイ，バンコク周辺）

図3　汚染土壌の撤去中の豊島の廃棄物不法投棄の不法投棄現場

日本型の自動車リサイクルシステムの特徴

　豊島事件でクローズアップされたのが自動車由来のシュレッダーダストであったことから，自動車を潜在廃棄物と見做し，そのリサイクルの過程で発生するシュレッダーダストの再資源化を自動車メーカーや輸入業者に課すようになったのが，日本の自動車リサイクル制度の特徴である。この考え方の背後には，「ゴミ」になった後の責任の一部をメーカー等が果たすという「拡大生産者責任」という政策公準がある。なお，豊島事件が社会問題視された当時は，鉄，非鉄スクラップの相場が低迷していたことから，悪徳業者が売れ筋の部品だけ取り外し，後はそのまま放置する自動車の不法投棄問題が顕在化した。しかし，このような拡大生産者責任制度がスタートしたと同時に，急速に経済成長を始めた中国の業者が，世界中からゴミまがいの資源を輸入し，環境破壊をしつつ現地の低賃金労働を利用したリサイクルビジネスを始めた。

中国のリサイクル政策の変更，そして世界商品自動車そのものが変わる？

　2017 年に習近平政権が，中国が廃棄物まがいのモノを資源として輸入することを禁止すると表明し，2019 年から実際に中国へのリサイクル資源の輸入は高品位のモノに限られるようになった。実は日本の自動車リサイクルシステムは，解体・破砕段階で，国内では廃棄コストが高いゴミまがいの資源を中国等に輸出することにより，成り立っていたことがこれを機に露呈された。

　また気候変動問題が社会問題化し，「脱炭素」が先進国では謳われはじめ，既存のガソリン車やハイブリッド車が，世界商品として流通しなくなる可能性も出てきた。電気自動車や自動運転の進歩によって，自動車を所有するのではなく，その機能を共有（シェア）するという考え方も先進国では普及してきた。それを表す言葉の 1 つとして **CASE**（自動運転のクルマをインターネットで呼び出して，皆で共有する考え方）が登場している。自動車業界が 100 年に 1 度の大変革の中，自動車のリサイクルシステムも変化していくのかもしれない。　　（外川健一）

X．フィールドから考える SDGs

55．SDGs とその考え方

SDGs のもととなった考え方とはどのようなものだろうか

> **アクティビティ**
> 1）興味を抱いた SDGs のゴールについて，そのターゲットを調べて理解を深めてみよう．
> 2）エコバッグなど身近な取り組みがなぜ SDGs に繋がるのかを考え，世界地図の中に矢印で影響の流れを書き込んでみよう．
> 3）SDGs の複数のゴールやターゲットを組み合わせて「風が吹けば桶屋が儲かる」式の流れ図を作成し，世界をよい方向に変革するアイディアを練ってみよう．
> **キーワード**：SDGs（持続可能な開発目標），持続可能な開発，国際連合（UN），発展途上国，プライマリヘルスケア，国連環境開発会議（地球サミット），気候変動，飢餓

　ここでは **SDGs（持続可能な開発目標）** がどのような考え方にもとづいてつくられてきたのかを紹介する．教室で SDGs にかかわる様々な課題に取り組むときに，生徒各自の思い込みに任せるのではなく，SDGs をつくった実務家や研究者の考え方を踏まえて，そこに生徒のアイディアや工夫を組み合わせると，授業で取り組む意味が生まれ，より SDGs らしい取り組みになるのではないだろうか．

カラフルなアイコンだけが SDGs ではない

　SDGs というとカラフルなアイコンが，思い浮かぶかもしれないが（図1），認知度を高めるための国連の広報戦略である．SDGs はあくまで「我々の世界を変革する：**持続可能な開発のための 2030 アジェンダ**」という国際連合のサミットで採択された文書の一部であり，まずこの点をおさえておかねばならない．この文書は外務省による仮訳がインターネット上で公開されており，無料で閲覧できる（参考文献参照）．

　この「2030 アジェンダ」は 2030 年までの国連の開発目標を定めており，前文と 91 の宣言から構成されている．SDGs は正確にはこの「2030 アジェンダ」の 59 番目の宣言の後に掲げられた 17 の目標と 169 のターゲットを指す．SDGs を深く学ぼうと思ったら，まず，「アジェンダ 2030」とその目標を具体的に述べた 169 のターゲットから出発するのが正攻法である．エコバッグ，エコキャップ，人口減少，多文化共生など日本の SDGs 活動でお馴染みの言葉は，そこには 1 つも見当たらない．圧倒的に多いのは，**発展途上国**の開発に関するターゲットである．SDGs を知るためには，まずは「2030 アジェンダ」とともに世界地図を拡げて，視野を空間的に拡げてみなければならない．

図1　SDGs のアイコン（出典：国連広報センター）

1 人の女性の発想と勇気が SDGs への潮流を生みだした

　ではなぜ，発展途上国が SDGs の中心なのだろうか．それは，SDGs がその前身である 2000 年から 2015 年までの国連の開発目標 MDGs（ミレニアム開発目標）を受け継いでいるからである．その MDGs も，**プライマリヘルスケア**を唱えた 1978 年のアルマ・アタ宣言，普遍的初等教育の達成を唱えた 1990 年のジョムティエン宣言等，それまでの途上国支援の国際会議の成果を束ねたものであり，「誰 1 人取り残さない」SDGs の誓いはこれらを源流としている．

ではどのようにして MDGs は SDGs になって
いったのだろうか。1992 年にブラジルのリオ
デジャネイロで開催された**国連環境開発会議**は
「アジェンダ 21」を採択し，大きな成果を挙げた。
そのちょうど 20 年後の 2012 年に同じリオで「リ
オ＋ 20」として後継の会議が開催されることに
なった。当初，この会議の議題は環境に限られ
ており，MDGs の後継目標を議論する予定はまっ
たくなかった。しかし，ブラジルの隣国コロン
ビアの外務省局長を務めるパウラ・カワイレロ
という 1 人の女性が，一気に流れを変えた。彼
女は先進国が途上国を開発する上から目線の図

図 2　グレート・アクセラレーション（出典：IGBT）
1950 年以降人間による経済活動が急増し地球環境を改
変していることが示されている.

式に異議を唱え，先進国も途上国の問題に責任があるのだから，すべての国が当事者として
MDGs 達成を目指し，そこにさらに地球環境問題の目標をプラスするべきだと考えた。その結
果，急遽，リオ＋ 20 で SDGs の原型が議論されることになり，SDGs への潮流がうねり始めた。

　研究者として SDGs の基礎となる考え方を補強したのは，環境学者のヨハン・ロックストロー
ムらと MDGs の原型をつくった経済学者のジェフリー・サックスの 2 人である。彼らは，人
類の経済活動が 1950 年以降急激に増大した結果，地球が回復可能な範囲の限界値を越えつつ
あり，重大な環境危機や資源の枯渇をもたらす可能性があることを指摘した（図 2）。そのた
めには，先進国と途上国が地球規模で協力して，これまでの経済活動やライフスタイルの在り
方を根本から見直し，持続可能な開発の軌道に乗せる必要があると主張したのである。

ゴールの縦割りを越えて地球規模のネットワークに目を向ける

　それでは，SDGs に教室で取り組む上でのヒントはなんだろうか。それは，問題を繋げてい
くことである。SDGs の 17 のゴールのうちから何番目を選ぶ，という方法は，実はあまりお
勧めできない。なぜなら，SDGs を作った人達は「縦割りをやめよう」を合い言葉に，1 つのゴー
ルだけにしがみつくような考え方を乗り越えようとしてきたからである。

　例えば，わたしたちとアフリカのある村の繋がりを SDGs の複数のゴールで考えてみよう。
日本は世界第 5 位の二酸化炭素の排出国であり，1 人当たりの排出量では世界第 3 位である。
例えば，わたしたちが排出した二酸化炭素によって起こった**気候変動**の結果（ゴール 13 気候
変動），アフリカのある村で干ばつが起こり，**飢餓**が発生すると（ゴール 2 飢餓），農作物の収
穫量が減少して，世帯の収入が減少し，子どもが小学校に通う費用が捻出できなくなる（ゴー
ル 4 質の高い教育）。その際に兄弟のうち女子児童が真っ先に通学できなくなる(ゴール 5 ジェ
ンダー平等)。このように複数のゴールやターゲットに関連する問題が結び付いて世界の問題
が起こっている。それは，世界中の各地がグローバリゼーションによって緊密に結び付いてき
たからである。ここで重要なのは「風が吹けば桶屋が儲かる」式の発想である。地球上の複数
の地域で，複数の目標を繋いだり，組み合わせたりしながら，よりよい循環を創り出し，問題
解決の糸口を探っていく活動がお勧めできる。参加型開発の技法を応用した「開発教育」と「ESD
（持続可能な開発のための教育）」を組み合わせたアプローチも役立つだろう（参考文献参照）。
（湖中真哉）

56．フェアトレード

フェアトレードのコーヒーを生産する現地の農家の暮らしはどのようなものだろうか

> **アクティビティ**
> 1）わたしたちの身の回りにあるフェアトレード製品には，どのようなものがあるのだろうか．
> 2）一次産品の生産で生計を立てている農家が抱える問題とは何だろうか．
> 3）フェアトレードを進めるために，わたしたちはどのような取り組みを行えば良いのであろうか．
> **キーワード**：商品作物，コーヒー，商業的農業，フェアトレード，政府開発援助（ODA），カカオ，綿花，一次産品

　わたしが調査してきたラオス南部のボーラヴェン高原の人びとは，長いあいだ焼畑により自給的農業を行ってきた．だが，1990 年代に政府が焼畑を実質的に禁止したため，**商品作物**であるコーヒーを栽培する**商業的農業**に移行した．以下では，ラオスのコーヒー産地の人びとの暮らしに焦点をあてながら，**フェアトレード**がどのように導入され，展開していったのかを見ていこう．

コーヒー産地の人びとの暮らし

　コーヒー産地であるボーラヴェン高原はモンスーン（季節風）の影響を受け，5 月から 10 月までが雨季，それ以外が乾季となる．ラオスのコーヒーの木は雨季の直前に白い花を咲かせ，受粉した後，雨季の間に緑色の実をつけ，多くの水分を吸収して成長する．一方，コーヒー農家は絶えず伸びてくる雑草を除去し続け，土壌の養分がコーヒーの木のみに届くようにする．

　乾季になると，コーヒーの実は完熟し，赤色になる．農家はこの時期に一斉にコーヒーの実を収穫する．各農家が持つ農園面積はまちまちである．1 ha 程度の農家もあれば，15 ha ほどを持つ農家もある．2 ha くらいであれば家庭内の労働力ですべて収穫できるが，それ以上になると収穫労働者を雇用しなくてはならなくなる．

　収穫したコーヒーの実は，その日のうちに荷台付きの車でやってくる仲買人が買い取っていく．仲買人は街に住む商人や村の中の富裕層が担っている．彼らは大量の現金を保有し，収穫期に村々を回り，農家が呼び止めると，そこで止まって収穫物を計量し，報酬を渡した後，再び別の家に向かう．仲買人は各輸出会社が毎朝決めている価格情報を把握し，それより少し低い金額を設定して農家からコーヒーを買い取る．輸出会社が設定する価格は，ニューヨークの先物取引市場で決まる国際市場価格に連動しているため，年によって変動するが，農家はその価格を受け入れるほかない．

図 1　フェアトレードマーク
出典：https://www.fairtrade.net/

　このような状況の下で，2000 年代後半になり，フェアトレードの仕組みがラオスのコーヒー産地に導入された．コーヒーを重要な輸出産品として位置づけたラオス政府は，フランスの**政府開発援助（ODA）**を受けて，2006 年に協同組合を設立した．この協同組合は 2009 年にフェアトレード認証機構（現フェアトレード・インターナショナル（FI））の国際フェアトレード基準を採用し，欧州の取引業者にコーヒーを輸出するようになった．

フェアトレード認証制度

　わたしたちはコーヒーやチョコレート，バナナといった製品を安価に購入できる．だが，実

はこれらの製品の生産者たちは生活の維持が困難になるほどの対価しか受け取れていなかったり，土壌や作物に悪影響を与える農薬の使用により健康被害を被ったりしている場合がある。こうした事態を改善するには，生産者の生活水準を保証し，自然環境にも配慮した取引の仕組みを構築することが重要である。フェアトレードは，このような問題意識に基づき，適正な対価を長期的に支払うことを通して生産者の生活改善を目指す貿易の仕組みである。

図2　一次加工の様子

　FIが展開する国際フェアトレード基準には，経済的基準・社会的基準・環境的基準の3つの柱がある。生産者団体と取引業者の双方がこれらの基準を守り，定期的な監査を受けることによって，自らが扱う製品にフェアトレードマーク（図1）をつけて販売することができる。認証制度の対象は，コーヒーや**カカオ**，スパイス，バナナ，米，コットン（**綿花**），サッカーボール，金など多岐にわたる。製品の多くは発展途上国で栽培・生産される**一次産品**である。中でもコーヒーは主要なフェアトレード製品であり，世界各地に認証を取得した生産者団体がある。しかし，フェアトレードという仕組みの定着は一筋縄ではいかない。

時間がかかるフェアトレードの定着

　先述のコーヒー協同組合に加盟する農家は当初，収穫したコーヒーの実を政府が各村に設置した一次加工場に運び，集団で加工した後，協同組合の倉庫に搬入すれば，高い報酬を受け取れると政府の担当者から説明を受けた。収穫したコーヒーの実を加工せず，低い価格で仲買人に売却してきた農家は，この政府のプロジェクトに期待した。

　だが，その後の国際市場における価格上昇が，農家の協同組合からの脱退に影響を与えた。コーヒーの国際市場価格は2000年代後半から2011年頃まで上がり続け，認証制度が定める最低保証価格より高い状態が続いた。最低保証価格とは，先述の国際フェアトレード基準のうちの経済的基準の1つで，国際市場価格が生産コストを下回り生産者の生活を困窮させるのを回避するために，取引業者が生産者団体に最低限支払う必要のある価格である。

　認証制度によれば，最低保証価格より国際市場価格のほうが高い場合，取引業者は国際市場価格にしたがってコーヒーを買い付けることになっている。このためラオスの協同組合の買取価格は，仲買人の提示する買取価格と大差ない状態が続いた。さらに，協同組合に売却する場合，農家は仲買人に売却する時には必要ない一次加工の労働を強いられる。このため設立から数年して，協同組合に不満を持った農家は脱退した。

　とはいえ，この状況は少しずつ改善されていった。2010年代後半には国際市場価格が下降し，最低保証価格の意義が見直されるようになった。設立から10年以上が経ち，農家への研修が繰り返されたことで，フェアトレードの意義を理解する農家が増えた。協同組合の買付手続きも改善されていった。この結果，協同組合の運営は次第に安定するようになった。

　ラオスのフェアトレードコーヒーの事例を概観してわかるように，フェアトレード認証制度が農家に受け入れられるには，それなりに時間がかかる。小規模なコーヒー農家は，政府からもたらされたフェアトレードという新たな仕組みを無条件に受け入れるのではなく，それが本当に自分たちの生活にとって有意義なのかを見極める必要があるのだ。　　　　　（箕曲在弘）

57．循環型社会・再生可能エネルギー

リサイクルは，世界の多くの国で取り組まれているが，先進国と発展途上国ではどう違うのだろう

アクティビティ
1) ワンガリ・マータイさんが講演で発した日本の「もったいない」精神のルーツは何なのかを調べてみよう．
2) 様々なリサイクル工場では，見学が許可されているところがあるから，ぜひ一度は見学して，ゼロウェイスト社会の構築方法について改めて考えよう．
3) 途上国の児童労働（child labor）を禁止しようとする国際社会の動きがあるが，お手伝い（child working）と何が違うのかを考えよう．

キーワード：廃棄物，先進国，発展途上国，インフォーマルセクター，循環型社会，児童労働

　世界のどの国や地域でも生産，流通，消費といった各過程でごみ（**廃棄物**）が排出され，重大な問題となっている．しかし，今世紀に入って，**先進国**では，関連法令の整備，技術開発の進展や環境教育の普及により，廃棄物として処理するのではなく，3R の取り組みが推進されてきた．環境分野で初のノーベル平和賞を受賞したケニア人女性のワンガリ・マータイが 2005 年に日本を訪問した際，日本社会の「もったいない」精神に深く感銘を受け，高く評価した．他方，**発展途上国**は，リサイクルを**インフォーマルセクター**に頼っていることもあり，それに従事する労働者の作業環境や回収過程で発生する汚染問題などの課題も指摘され，その改善が急務になっている．

日本（先進国）の自動車解体工程とリサイクル

　日本では，1978 年に香川県豊島に自動車のシュレッダーダストを含む産業廃棄物の不法投棄が行われ，それに憤った島民は闘いを開始した．ようやく 2000 年 6 月 6 日，37 回目の調停で知事が謝罪し，原状回復の合意を見た．しかし，94 万 t の産業廃棄物が完全に撤去・処理されたのは 2017 年であり，540 億円もの巨額が投じられた．

　リサイクル関連の法令は，2000 年制定の**循環型社会**形成基本法を皮切りに，廃棄物処理法等の改正（廃棄物処理関係），再生資源利用促進法の改正，建設資材リサイクル法，食品リサイクル法，グリーン購入法の制定・施行と続いた．日本は大量の自動車を生産・廃棄している．以前は，廃車の重量の約 8 割がリサイクルされていたものの，車を粉砕した後に残った 2 割の粉砕くずはシュレッダーダストとなり，産業廃棄物として埋立てられていた．最近の廃車台数は年 450 万台から 500 万台の間を推移している．2006 年の自動車リサイクル法の施行以降，自動車製造業者がリサイクルしやすい車を設計し，処理を行う側もリサイクルの高度化を図ることで，双方が環境問題に対応しようとする動きが出てきた．その結果，再資源化率を 99 ％まで引き上げることに成功しているシステムも生みだされてきた．

図 1　自動車の解体工程（ほぼ 100％のリサイクル率を目指す）（北九州市）

　例えば，SDGs 未来都市である北九州市のエコタウンには，自動車の全部分のリサイクルを目指す（株）西日

本オートリサイクルの工場があり，燃料（ガソリン・軽油），オイル類LLC（冷却水）液抜きをはじめとして計6つの作業工程がある。1カ所での作業はわずか15分しかかからないので，合計90分で1台の車のリサイクル処理が終わる。

　しかし，独自に開発した技術で完璧にリサイクルしているにもかかわらず，鉄の市場価格が非常に安くなり，まったく利益が出なかったり，中古車市場で売買される車が数多く，なかなか廃車が入ってこないといった供給側の問題や，解体してパーツ（ハーネス）を取り出すのはいいが，今まで供給していた半導体の企業が火事に見舞われ，供給先がなくなったといった，価格や需給関係上の問題などわたしたちが思いもよらない問題に直面している。

バングラデシュでの鉄のリサイクルー船舶の解撤作業

　発展途上国のバングラデシュは，現在，経済成長が著しく，2018年には低位所得国（貧困国）から脱却した。しかし，環境問題や社会問題は解決したわけではまったくない。第2の都市チッタゴンの海岸には，世界中から利用できなくなったタンカーなどの船舶が集積されている。船の墓場とも呼ばれているが，実は，そこで解撤され，あらゆるものがリサイクルされているのである。解撤方式はまったく環境に配慮していないビーチング式解撤方法（浜辺に船を引き上げ，手作業で直接解撤する）が採用されている。作業工程は，船体の切り離しや船体鋼板の細断を行う溶断作業，エンジン，コンプレッサーなどの大型機械類を分解する作業，それらを陸まで運搬する作業に分けられている。インフォーマルセクターで働く彼らの作業環境は劣悪で，高所からの転落死，**児童労働**，未処理油による海洋汚染が頻繁に見られる。

大都市のリサイクル推進役のウェイストピッカーと児童労働

　発展途上国の大都市で，同じくこのようなくず鉄類を回収しているのが，有価廃棄物回収業に従事するウェイストピッカーである。中でも年齢の低い者もたくさん見られる。彼らは街の清掃業務の補完役でもある。以前行った首都ダカでの有価廃棄物回収児童の調査では様々な特徴が見られた。彼ら・彼女らは，学校に通っている児童とまったく通っていない児童に分かれ，作業パターンも異なる。作業の開始時間や作業時間は一定ではないが，3群に大別される。深夜から朝にかけての作業グループ，単独では行動せずに，安全面や会話を楽しむという意味で複数人で出かけている。2番目のグループは早朝から昼にかけてのグループ，最後は午前中に学校での授業を終え，午後から作業を開始するグループである。中間業者である有価廃棄物買取り店は複数あるが，児童たちは特定の店での取引を好む。その理由は，店主が非常にやさしくて，気前がよく，騙さない（実直的な）性格に人気があるからである。道路上では，ハラスメント（いやがらせ）を含む危険な目にあっている児童も見られ，特に，女児はこの仕事を大人になってまで続けようとは思っていない。家計を助けるために，簡単に現金を手に入れられるこの仕事は父母によって勧められ行っている。

　解撤現場と言い，有価廃棄物回収と言い，まだまだ児童が労働に携わっている。これは，社会全体の問題であり，児童労働を放置するのではなく，貧困から脱却する解決方法を早く探し出す必要がある。　　　　（三宅博之）

図2　馴染みの薬局のゴミ箱から有価廃棄物を探す女児（バングラデシュ・ダカ）

58．災害と復興
東日本大震災後の被災地の人びとはどのように暮らしてきたのだろうか

> **アクティビティ**
> 1）東日本大震災が発生した当時の回想を周囲の大人から聞いてみよう．
> 2）また同規模の自然災害が日本を襲ったら自分はどうするか．被災者になった場合，支援者に
> なる場合，それぞれ考えてみよう．
> 3）「より良い復興」の事例を自分でも調べてみよう．
>
> **キーワード**：津波，NPO（非営利団体），国家，防潮堤，リアス海岸，生物多様性

　2011 年 3 月 11 日午後 2 時 46 分に発生した東日本大震災は，わたしたちの想像を超える災厄をもたらした．歴史的に最大級の地震と**津波**は，自然に対する人間の無力さを見せつけ，さらに原発事故という現代特有の二次災害を生じさせた．広域に渡る被災状況に，対応を迫られた政府を含む社会全体は混乱を極めた．

復興の道のり

　災害は，自然の猛威が人間の暮らしを破壊する瞬間だけを指すものではない．人の心に刻まれた恐怖や物質的な欠乏を克服するまでの長いプロセスだといえる．

　その復興は個々の被災者の生活再建から始まり，被災地の外からは様々な支援が集まってくる．住環境も避難所から仮設住宅へと移る．そこでは住民自治会が組織され，コミュニティが形成される．ボランティアや**NPO（非営利団体）**も参加し，物資配布だけでなく様々なイベントが企画されたりする．

　個々の生活再建が進むと，次は被災した町をどのように復興するかが関心事となる．この段階に入ると，震災直後は助けられる側だった被災者も主体性を取り戻し始める．復興のまちづくりは，外部からの支援だけでは決して達成できない．そこに住む人たちに主導権がなければならない．

町は元通りにはならない

　しかし実際には，3.11 で被災した地域社会は，**国家**や市場の参入による復興を通じて急激な変化を経験してきた．沿岸部の**防潮堤**はより強固になり，津波跡地は盛り土でかさ上げされ，居住区は高台に移された．惨事便乗型の介入もあり得る以上，故郷の復興において被災者は何を守ろうとしているのか，何をされて深く傷つくのかを正しく知ることが必要になる．

　他方で，一度破壊された町や暮らしを元通りにすればいい，というものでもない．津波に対する地理的脆弱性をそのままにはしておけないし，地域の人口減少にも拍車がかかっている．そこで「より良い復興（Build Back Better）」という考え方がある．それは，防災においてより強靭な地域社会をつくり，産業において新しい価値を創造するような復興を指す．ここからはその事例を見ていきたい．

宮城県南三陸町の復興

　南三陸町は，宮城県北部に位置しており，**リアス海岸**を特徴としている．東日本大震災では町の中心部が丸ごと津波で飲み込まれ，800 人以上の犠牲者がでた．復興には長い時間を要したが，町の主産業であった漁業や林業では，全国でも先進的な取り組みが始まっている．

　震災以前の南三陸町の戸倉地区では，波風の穏やかなリアスの湾内にぎっしりとカキ養殖のイカダが浮かんでいた。しかし，過密状態のカキは成長が遅く，「県内で一番質が悪い」と言われていた。そのような中，3.11が起こる。津波は養殖設備をすべて流し去り，海はまっさらな状態となった。復興に向けて，同地区の漁業者らは養殖方法を刷新した。3.11以前は5－10m間隔だったイカダを，40m間隔で設置し直したのである。過密が解消され，海の環境は改善した。そして，この地区のカキ養殖は2016年に国際的なASC認証（「海のエコラベル」）を取得した（図1）。認証取得の条件には生態系への配慮だけでなく，地域との良好な関係や適切な労働環境も含まれる。最初は，「規則に縛られないのが漁師だ」，「環境で

図1　ASC認証のついた南三陸のカキ（後藤氏提供）

飯が食えるのか」という認証取得への反対意見もあった。ところが，適度な距離で養殖されるカキの成長速度は飛躍的に上がり，品質も向上した。結果的に生産額は増え，逆に労働時間は短くなった。戸倉カキ部会長の後藤清広氏は，「海から恵をもらって生きてきたわたしたちは，いつのまにかその海を傷つける養殖をしていた。震災が新しい漁業を始めるきっかけにもなった」と語る。

　南三陸町は海の町として知られるが，陸地の約8割は山で，林業も盛んである。震災後の2015年，町の若手林業者が中心となってFSC認証（「森のエコラベル」）を取得した。FSCとASC両方の認証を取得した自治体は，南三陸町が日本で最初である。比較写真は，いずれも町内で撮影したものである（図2）。写真左側は，長年放置されたスギ林である。幹の細い木がひしめき合い，陽光が地表に届かず地肌が露出している。写真右側は，FSC認証を得た林業者のスギ林である。適切な間伐により1本1本の幹が太い。木々の隙間に空が見え，太陽の光を受けて下草が生い茂っている。あえて根元の下草を刈らないでおくことで，大小様々な動植物の生息環境がつくられる。**生物多様性**の観点からは，絶滅危惧種の町鳥，イヌワシ（*Aquila chrysaetos japonica*）の棲む山の復活が目指されている。

　FSC認証にも，自然環境や労働環境の厳しい審査がある。作業中の事故リスクは徹底的に見直され，「仕事は怪我をして覚えるものだ」という昔気質な考え方も改められるようになった。そうした持続可能な林業による木材はブランド化も進んでいる。この地域の山林を代々管理してきた株式会社佐久の佐藤太一氏は，地元に森と海の国際認証が揃った時，これからの復興や一次産業について，林業も漁業も実は同じ方向を見ていたことに気づいたという。

図2　2種類の南三陸のスギ林

被災地から考える

　東日本大震災は，人間が生態系の中での自らの立場を危うくしている，ということを示す出来事でもあった。その反省から，復興過程では自然と共生する発想が生まれてくる。南三陸町の事例のように，より長い目で持続可能な社会への道筋が拓かれようとしている。そこでは，自然を傷つけないことが漁業や林業のプロフェッショナルの誇りとなる。かつての被災地には今日の日本の「新しい」が詰まっている。　　　　　　　　　　　　　　　　（内尾太一）

59．高校生の地域調査

高校生が取り組んだ SDGs にかかわるポスターセッションとはどのようなものなのだろう

> **アクティビティ**
> 1）国際地理オリンピックにおけるポスターセッションとはどんなものなのだろうか．
> 2）高校生ポスターセッションにおいて，SDGs と関連するものを見出してみよう．
> 3）フィールドワークをして SDGs にかかわるポスターセッションに応募してみよう．
> **キーワード**：持続可能な開発，SDGs（持続可能な開発目標），フィールドワーク（現地調査），観光資源，プレゼンテーション，防災

　ESD（Education for sustainable development，**持続可能な開発**のための教育）は，日本の提案により，2002 年の国連総会において決議された．2005 年から 2014 年までは「ESD の 10 年」とされ，世界的に ESD が推奨されていく．ESD の目標には，現象の背景の理解，批判力を重視した思考力，データや情報を分析する能力などの育成や持続可能な社会のための価値観を養うことなどがあげられている．この ESD とともに，持続可能な開発として注目されているのが **SDGs（Sustainable Development Goals，持続可能な開発目標）**である．SDGs はミレニアム開発目標（MDGs）で十分に達成できなかったことを遂行しようとする 2016 年から 2030 年までの国際目標である．SDGs は 17 の目標と 169 のターゲットから構成されている．ESD が持続可能な開発のための教育をどうするかということに特化しているの対して，SDGs はすべての人，国，社会が持続可能な世界を構築するための目標となっている．高校生の活動という側面からみれば，SDGs と ESD は密接にかかわっているといえる．ここでは，SDGs の活動を表現する場でもあるポスターセッションに着目して，高校生の SDGs の活動について考えていこう．

国際地理オリンピックにおけるポスターセッション

　国際地理オリンピックは，地理的知識にもとづいた思考やスキルなどを試験で競う，世界の高校生が集う祭典である．第 1 回は 1996 年にオランダのハーグで開催された．2012 年までは隔年ごとに開催された国際地理学連合の大会に合わせて隔年で開催されていたが，参加国も増えたことから 2012 年以降は毎年開催されるようになった．2013 年には京都で開催された．2021 年のトルコで開催（オンライン）された第 17 回国際地理オリンピックでは参加国・地域が 46 となった．国際大会に派遣できる高校生は各国 4 人であるが，日本では第 1 次試験から第 3 次試験までの選抜試験の結果から派遣選手が選出される．国際大会では，マルチメディア試験，記述試験，**フィールドワーク試験**の 3 つ試験の合計で順位が決まる．日本の高校生が苦手とするフィールドワーク試験の配点は 40 ％と高く，地理学習でフィールドワークが重視されていることがわかる．

　国際地理オリンピックでは，このような試験とは別に，ポスターセッションがあり，テーマに合わせて各チーム（国）の選手が協力してポスターを作成し発表する．国際地理オリンピックは，試験問題，解答のみ

図 1　ポスターセッション会場
（カナダ大会，2018 年）

ならず，ポスターセッションでの発表も英語である。2017年のベオグラード大会でのテーマは「あなたの国の若者向けの**観光資源**」であった。日本チームはアニメーションの聖地巡礼である埼玉県川越市でフィールドワークを行い，その結果をポスターに表現し発表した。観光資源を活用し，観光客にとっても住民にとっても住みやすいまちづくりが提言され，SDGsの「⑪住み続けられるまちづくりを」と関連したものとなっている。なお，このポスターは，審査の結果，参加41チームの1位となった。審査はポスターで自分たちの言いたいことがしっかり伝わっているか，見やすいデザインとなっているか，独創性があるか，**プレゼンテーション**がわかりやすかったなど総合的な観点から行われた。

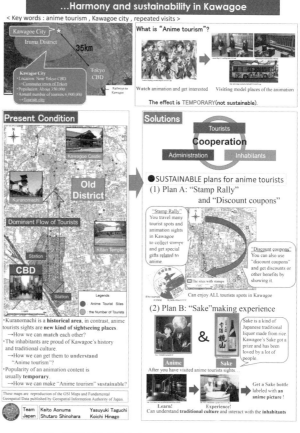

図2　2017年の1位となった日本チームのポスター

日本地理学会の高校生ポスターセッション

　日本地理学会では，広く高校生にも地理に関心を持ってもらい，地理に関心がある高校生には日本地理学会にも参加してもらおうという一環から，2014年春の学術大会から高校生のポスターセッションを開催している。地理学に関する発表をしてもらい研究者，大学院生などとの交流を図ってもらうことを目的としている。選考の結果，優秀とされたものには会長賞，理事賞が授与される。会長賞とされたポスターは「「地震の時には竹やぶに逃げ込め」は本当か？」（2022年春），「ハザードマップは自分事にしやすいか―学校での**防災**にかかわる活動を通して―」（2021年秋），「岐阜県内の自然災害伝承碑の分布と特徴」（2021年春），「学校周辺の地形―甘い立体地図を作ろう」（2020年秋）などのように，フィールドワークにもとづいた発表内容が多く，防災を含めたSDGsの「⑪住み続けられるまちづくりを」にかかわるものが多い。

ポスターセッションへのアプローチ

　高校生が参加できる地理に関するポスターセッションは，「環境地図展」などほかにもある。参加方法はホームページに記されているので，個人でもグループでもいいので参加してみてはどうだろう。地理にかかわるポスターセッションはフィールドワークによるものが多く，SDGsともかかわってくる。地理の有用性と醍醐味を十分に知ることができるだろう。

（井田仁康）

60．大学生が挑戦するSDGsのフィールドワーク

大学生はいかに生活圏を調査し，持続可能な地域づくりを提言したのだろうか

> **アクティビティ**
> 1）大学生が取り組んだここでの実例を参考に地域調査の課題を考えてみよう．
> 2）自分の生活圏を考え，それを持続可能にするために必要なことを考えてみよう．
> 3）フィールドワークの成果をどのようにして地域に還元できるかを考えてみよう．
> **キーワード**：仮説，事前調査（デスクワーク），フィールドワーク（現地調査），プレゼンテーション，茶，地域調査，耕作放棄地，人口減少

新学習指導要領では生活圏の調査を実施して地域を展望することが課題として掲げられている．ここでは静岡県立大学の大学生が2017年度に静岡県牧之原市で持続可能な地域づくりに取り組んだフィールドワークの例（参考文献参照）を採り上げて，課題や**仮説**の設定，**事前調査**，**フィールドワーク**による課題の探求，**プレゼンテーション**という一連の過程を紹介しよう．

生活圏の課題はどのようにして設定されるのか

わたしたちは，静岡県牧之原市でイノシシの獣害による農作物被害の問題に取り組んだ．同市は緑茶をはじめとする農業生産が盛んな地域であり，とくに農家にとってイノシシによる**茶畑荒し**は大きな打撃となっている．この調査を開始する前年度に，同市で現地調査を実施したが，その際に農家から，ここ数年である地区でイノシシが急増したので大学で調査して欲しいという要望をいただいた．このように**地域調査**は，研究主導ではなく，地域のニーズに即した課題が生徒のモチベーションを高めるし，地域住民の協力も得られやすい．

牧之原市の住民の多くは，山間部と海の間のわずかな平地に暮らしている．野生動物による獣害は，住民が暮らす生活圏と野生動物の生息域が重なることによって発生する．住民の中には「このままでは牧之原市は人間ではなくイノシシが暮らす土地になってしまう」とおっしゃる方もいた．この課題が地域の持続可能性にかかわる課題であることがわかる．

事前調査と現地調査によって仮説を立ててみる

そこでわたしたちはまず**事前調査（デスクワーク）**を実施して仮説を探った．確かにイノシシの捕獲頭数はとくに同市のこの地区では7倍にも増えている．また，とくにこの地区では，ここ4，5年で茶畑の**耕作放棄地**が急増したことがわかった．耕作放棄地が増加した背景には，**人口減少**，荒茶価格の下落による収益の減少，高齢化と農家の後継者不足等が挙げられる．

図1　茶畑の耕作放棄地（空撮）
左が3年経過，右が5-6年経過

そこで，わたしたちはフィールドワーク（現地調査）を行った．まずチャノキはツバキ科ツバキ属の樹木であり，水田や野菜の畑とは異なり，一旦耕作放棄地になってしまうと鬱蒼とした景観を呈していることが現地での観察とドローンの空撮でわかった（図1）．茶畑の耕作放棄地を他の作物に転作できるようにするには多額の経費がかかるという．そこでわたしたちは，人口減少と高齢化によって起こった耕作放棄地の増加が，イノシシによる農作物被害の増加と関係しているのではな

いか，という仮説を立ててそれを
検証することにした。

地図を用いてイノシシの通り道と生活圏の関係を分析する

　イノシシは警戒心が強い動物な
ので，人間がいる生活圏には本来
姿を現さない。住民の中には，茶
畑の耕作放棄地にはイノシシはい
ないという方もいらっしゃった
が，現地調査を実施してみると，
鬱蒼とした茶畑の耕作放棄地はイ

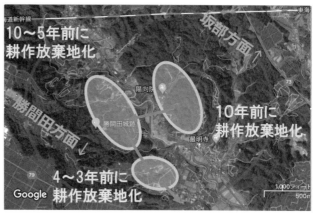

図2　イノシシの生息域（静岡県立大学の学生作成）

ノシシの隠れ家に適しており，イノシシが生息していた痕跡がいくつもみつかった。

　現地調査では，一般論に終わるのではなく，具体的な事例を通じて課題を掘り下げることが
重要である。わたしたちは国土地理院の地形図をもって，現地で農家の方々を対象としたイン
タビューを実施し，イノシシが出現した場所と耕作放棄地をすべて付箋で貼り付けていく作業
を行った。すると，別のやや標高が高い地域には以前からイノシシの広大な生息域があったこ
とがわかった。さらに航空写真で広域をみると，イノシシが高速道路と新しく 2009 年に開港
した地方空港の間で大きな溜まり場を形成してきたことがみえてきた。しかし，ここ数年の間
に耕作放棄された土地にイノシシが侵入するようになった結果，住民の生活圏と溜まり場の間
にルートが繋がってしまい，これまで耕作放棄地によってせき止められていたイノシシの流れ
が一気に住民の生活圏に押し寄せてきたことが判明したのである（図2）。

調査成果をプレゼンテーションして地域の持続可能性を考える

　わたしたちはこうしてわかった現地調査の結果から地域の展望を考えて，牧之原市に対して
プレゼンテーションを行った。わたしたちの仮説を裏付ける多くの実例がみつかり，資料を通
じて仮説が妥当であることを示すことができた。

　ただし，それよりもずっと重要なのは，この仮説検証の過程で得られた新しい知見である。
高速道路と空港に挟まれたイノシシの溜まり場があり，それが耕作放棄地の増加によって，生
活圏に通じるルートを突破したことは，わたしたちがまったく予想していなかったことであり，
この調査を実施して初めてわかったことである。そこにフィールドワークの醍醐味がある。

　このプレゼンテーションでは，得られた調査成果に基づいて，イノシシによる農作物被害に
対する地域の持続可能性モデルを政策提言した。そこで重要なのは地域の実情を考え，無い物
ねだりや無理な要望をしないことである。人口減少により猟師の数も減少しているためイノシ
シの全面的な駆除を行うことは難しく，屠殺解体の設備も限られている。また，電気柵をすべ
ての地域に張り巡らせることは経費がかさむ上に，景観を損なう。そこで，イノシシの通り道
を現地調査によって同定し，そこに集中的に電気柵等の対策を実施するピンポイント対策案を
牧之原市に対して提案した。生活圏とイノシシの生息域を分離するのが狙いである。このよう
に，地域の展望を考える際には，地域の実情を考慮し，調査成果に基づいて新しい発想を生み
だしていくことが重要である。　　　　　　　　　　　　　　　　　　　　　　　（湖中真哉）

参考文献

＜Ⅰ章＞

【01】

　佐藤洋一郎 2016.『食の人類史——ユーラシアの狩猟・採集，農耕，遊牧（中公新書）』中央公論新社.

　横山　智 2021.『納豆の食文化誌』農山漁村文化協会.

　吉田集而編 1998.『講座 食の文化 第１巻　人類の食文化』農山漁村文化協会.

【02】

　蘆田裕史・藤嶋陽子・宮脇千絵編 2022.『クリティカル・ワード　ファッションスタディーズ——私と社会と衣服の関係』フィルムアート社.

　謝黎 2011.『チャイナドレスの文化史』青弓社.

　Eicher, J. B. and Sumberg, B. 1995. World Fashion, Ethnic, and National Dress. In *Dress and Ethnicity: Change Across Space and Time*, Eicher, J.B. ed. Berg, 295-306.

【03】

　稲澤　努 2016.『消え去る差異，生み出される差異——中国水上居民のエスニシティ』東北大学出版会.

　長沼さやか 2010,『広東の水上居民——珠江デルタ漢族のエスニシティとその変容』風響社.

　藤川美代子 2017.『水上に住まう——中国福建・連家船漁民の民族誌』風響社.

【04】

　川田順造 1988.『聲』筑摩書房

　諏訪淳一郎 2012.『パフォーマンスの音楽人類学』勁草書房

　ブラッキング，J. 著，徳丸吉彦訳 1878.『人間の音楽性』岩波現代選書. *How Musical Is Man?* Blacking, J. 1974. Seattle: University of Washington Press.

【05】

　ウィリアムズ，R. 著，椎名美智・武田ちあき・越智博美・松井優子訳 2011.「ART ／芸術・美術・技術」『［完訳］キーワード辞典』60-64. 平凡社. Williams R. 1983. *Keywords: A Vocabulary of Culture and Society*. London: Harper Collins Publishers Ltd.

　緒方しらべ 2021. アートに価値を見出すということ：アフリカの生活世界におけるアートから考える. 柳沢史明・緒方しらべ編『アフリカからアートを売り込む：企業×研究』159-187. 水声社.

　緒方しらべ 2017.『アフリカ美術の人類学：ナイジェリアで生きるアーティストとアートのありかた』清水弘文堂書房.

　川口幸也 2011.『アフリカの同時代美術——複数の「かたり」の共存は可能か』明石書店.

　渡辺　文 2019. モノと芸術：人はなぜ美しさを感じるのか?. 松村圭一郎・中川　理・石井美保編『文化人類学の思考法』72-83. 世界思想社.

【06】

　飯野正子・竹中豊総監修 日本カナダ学会編 2021.『現代カナダを知るための60章（第２版）』明石書店.

　大石太郎 2017. カナダにおける二言語主義の現状と課題. E-journal GEO 12(1)：12-29.

　大石太郎 2019. 首都オタワのカナダ・デーの特徴と新たな動向. カナダ研究年報 39：77-84.

　大石太郎 2021. カナダ都市における非公用語話者の居住分布——国勢調査からみるカナダの多様性——. 地理 66(7)：32-39.

　水戸考道・大石太郎・大岡栄美編 2020.『総合研究カナダ』関西学院大学出版会.

＜Ⅱ章＞

【07】

　池田良穂 2017.『海運と港湾——基礎から学ぶ』海文堂出版.

　高島　健 2009.『新訂　タイタニックがわかる本』成山堂書店.

　林　上 2017.『都市と港湾の地理学』風媒社.

【08】

　森本　泉 2021. 南アジアにおける仏教聖地と観光開発. 漆原和子・藤塚吉浩・松山　洋・大西宏治編『図説　世界の地域問題100』116-117. ナカニシヤ出版.

　ピアス，D 著，内藤嘉昭訳 2001.『現代観光地理学』明石書店.

　神田孝治・森本　泉・山本理佳編 2021.『現代観光地理学への誘い　観光地を読み解く視座と実践』

ナカニシヤ出版.

【09】
池上直己 2021.『医療と介護──3 つのベクトル』日本経済新聞出版.

中村　努 2017. 医療機関. 宮澤　仁編著『地図でみる日本の健康・医療・福祉』50-53. 明石書店.

中村　努 2019.『医療システムと情報化──情報技術の受容過程に着目して』ナカニシヤ出版.

中村　努 2021. 在宅医療空白地域における支援体制の地理的条件. 地域ケアリング 23(14)：78-82.

【10】
湖中真哉 2012. 紛争と平和をもたらすケータイ──東アフリカ牧畜社会の事例. 羽渕一代・内藤直樹・
　　岩佐光広編『メディアのフィールドワーク──アフリカとケータイの未来』136-150. 北樹出版.

湖中真哉 2012. アフリカ牧畜社会における携帯電話利用──ケニアの牧畜社会の事例──.『国立
　　民族学博物館調査報告』106：207-226.

カッツ , J. E.・オークス , M. 編 富田英典監訳 2003.『絶え間なき交信の時代──ケータイ文化の誕生』
　　NTT 出版.

【11】
華僑華人の事典編集委員会編 2017.『華僑華人の事典』丸善出版.

山下清海 2016.『新・中華街──世界各地で〈華人社会〉は変貌する』講談社.

山下清海 2019.『世界のチャイナタウンの形成と変容──フィールドワークから華人社会を探究す
　　る』明石書店.

山下清海 2021.『横浜中華街──世界に誇るチャイナタウンの地理・歴史』筑摩書房.

【12】
内藤直樹・山北輝裕編 2014.『社会的包摂／排除の人類学──開発・難民・福祉』昭和堂.

バウマン , Z. 著 , 伊藤　茂訳 2017.『自分とは違った人たちとどう向き合うか──難民問題から考え
　　る』青土社. Bauman, Z. 2016. *Strangers at Our Door*. London: Polity.

錦田愛子編 2020.『政治主体としての移民／難民──人の移動が織り成す社会とシティズンシップ』
　　明石書店.

久保忠行 2014.『難民の人類学──タイ・ビルマ国境のカレンニー難民の移動と定住──』清水弘
　　文堂書房 .

ファディマン , A. 著 , 忠平美幸・齋藤慎子訳 2021.『精霊に捕まって倒れる──医療者とモン族
　　の患者 , 二つの文化の衝突──』みすず書房. Fadiman, A.1997. *The spirit catches you and you fall
　　down : a Hmong child, her American doctors, and the collision of two cultures*. New York: Farrar, Straus,
　　and Giroux.

＜Ⅲ章＞
【13】
阿満利麿 1996.『日本人はなぜ無宗教なのか』筑摩書房.

グランプレ , マチュー , 佐藤絵里訳 2020.『超図解宗教 : 世にも美しい教養講義 : 100 のインフォグ
　　ラフィックで世界を知る』ディスカヴァー・トゥエンティワン.

宗教文化教育推進センター 2019.『解きながら学ぶ日本と世界の宗教文化』集広舎.

スマート , ニニアン編 , 武井摩利訳 2003.『ビジュアル版世界宗教地図』東洋書林. Smart, Ninian ed.
　　1999. *Atlas of the World's Religions*. Tokyo: Oxford University Press.

月本昭男編 2017.『宗教の誕生 : 宗教の起源・古代の宗教』山川出版社.

【14】
伍嘉誠 2022. キリスト教は社会運動をなぜ支援するのか　リベラリズム. 櫻井義秀・平藤喜久子編
　　『現代社会を宗教文化で読み解く　比較と歴史からの接近』177-205. ミネルヴァ書房.

藤野陽平 2016. 台湾における「日本語」によるキリスト教的高齢者ケア　社団法人台北市松年福祉
　　会「玉蘭荘」の機関誌分析より. 三尾裕子 , 遠藤　央 , 植野弘子編『帝国日本の記憶　台湾・
　　旧南洋群島における外来政権の重層化と脱植民地化』183-209. 慶應義塾大学出版会.

藤野陽平 2017. 台湾の政教関係にとっての台湾語教会という存在　長老教会と台湾独立派の友好関
　　係. 櫻井義秀編『現代中国の宗教変動とアジアのキリスト教』171-197. 北海道大学出版会.

松谷曄介訳 2021.『香港の民主化運動と信教の自由』教文館.

真鍋祐子・伍嘉誠 , 藤野陽平司会 2022. 儀礼としての民衆デモ　韓国・香港・台湾の事例をめぐって.
　　現代宗教 2022. 国際宗教研究所：29-60.

【15】

阿良田麻里子 2018.『食のハラール入門　今日からできるムスリム対応』講談社.

店田廣文 2015.『日本のモスク　滞日ムスリムの社会的活動（イスラームを知る 14）』山川出版社.

民谷栄一・富沢寿勇監修 2019.『ハラールサイエンスの展望』シーエムシー出版.

東京工業大学「ぐるなび」食の未来創成寄附講座監修，阿良田麻里子編 2017.『文化を食べる　文化を飲む　グローカル化する世界の食とビジネス』ドメス出版.

富沢寿勇 2007．グローバリゼーションか，対抗グローバリゼーションか？──東南アジアを中心とする現代ハラール産業の立ち上げとその意義．小川　了編『躍動する小生産物（資源人類学 04）』317-348．弘文堂.

【16】

川橋範子・小松加代子編 2016.『宗教とジェンダーのポリティクス　フェミニスト人類学のまなざし』昭和堂.

真宗大谷派解放運動推進本部女性室編 2019.『女性史に学ぶ学習資料集』真宗大谷派宗務所.

那須英勝・本多　彩・碧海寿広編 2019.『現代日本の仏教と女性──文化の越境とジェンダー』法蔵館.

日本宗教学会 2019.『宗教研究　第 395 号　[特集：ジェンダーとセクシュアリティ]』

三木メイ 2010．新しい扉を開く：聖公会における女性の聖職叙任問題．キリスト教社会問題研究：105-131.

【17】

杉江あい 2021．イスラームとムスリムについて教える／学ぶ人のために──ムスリマのフィールドワーカーからの提案．E-journal GEO16: 102-123.

スミス，W.C. 著，中村廣治郎訳 2020.『世界神学をめざして──信仰と宗教学の対話』明石書店.

内藤正典・坂口正二郎編著 2007.『神の法 vs. 人の法──スカーフ論争からみる西欧とイスラームの断層』日本評論社.

中村　元 2010.『慈悲』講談社.

メンディエッタ，E.・ヴァンアントワーペン，J. 編，箱田　徹・金城美幸訳 2014.『公共圏に挑戦する宗教──ポスト世俗化時代における共棲のために』岩波書店.

【18】

Hokowhitu, B. and Devadas, V. 2013. The Indigenous Medeiascape in Aoeatoa New Zealand. In *The Fourth Eye: Maori Media in Aotearoa New Zealand*, ed. B. Hokowhitu and V. Devadas, xv-i. Minneapolis, London: University of Minnesota Press.

Palenski, R. 2015. *Rugby: A New Zealand history*. Auckland: Auckland University Press.

Gardiner, W. 2001. *Haka: A living tradition*. Auckland: Hodder Moa Beckett Publishers Limited.

コリンズ，トニー．著, 北代美和子訳 2019.『ラグビーの世界史──楕円球をめぐる二百年』白水社.
Collins, Tony. 2015 *The oval world: A global history of rugby*. Bloomsbury Sport.

＜IV章＞
【19】

綾部真雄 1999．民族への帰属とクラン・イデオロギー──リスであることの論理的整合性をめぐって──．社会人類学年報 25：55-87.

綾部恒雄・桑山敬己編 2010.『よくわかる文化人類学　第 2 版』ミネルヴァ書房.

立山良司 2018．拡大するシオニズムの宗教的側面──イスラエルにおける政教関係の変化．国際問題 675：18-28.

【20】

齋藤晃編著 2020.『宣教と適応：グローバル・ミッションの近世』名古屋大学出版会.

トドロフ，T. 著，及川　馥・大谷尚文・菊地良夫訳 1986.『他者の記号学：アメリカ大陸の征服』法政大学出版局.

真島一郎編著 2005.『だれが世界を翻訳するのか：アジア・アフリカの未来から』人文書院.

【21】

関根達人・菊池勇夫・手塚　薫・北原モコットゥナシ編 2020.『アイヌ文化史辞典』吉川弘文館.

窪田幸子・野林厚志 2009.『先住民族とは誰か』世界思想社.

アイヌ文化保存対策協議会編 1970.『アイヌ民族誌』第一法規.

大貫恵美子著，阪口　諒訳 2021.『樺太アイヌ民族誌　その生活と世界観』青土社.

【22】

小熊英二 1996．『単一民族神話の起源――＜日本人＞の自画像の系譜』新曜社．

コウネル, ロテム著・瀧川美人訳 2022．『白から黄色へ――ヨーロッパ人の人種思想から見た「日本人」の発見』明石書店．

竹沢泰弘編 2005．『人種概念の普遍性を問う――西洋的パラダイムを超えて』人文書院．

中山京子・東　優也・太田　満・森茂岳雄編 2020．『「人種」「民族」をどう教えるか』明石書店．

【23】

野村甚三郎 2008．『国境とは何か　領土・制度・アイデンティティ』芙蓉書房出版．

岩下明裕 2006．『国境・誰がこの線を引いたのか――日本とユーラシア』北海道大学出版会．

宇山卓栄 2018．『「民族」で読み解く世界史』日本実業出版社．

山内昌之 2018．『民族と国家』文藝春秋．

宮本正興・松田素二編 2018．『改訂新版 新書アフリカ史』講談社．

【24】

青木　保 2003．『多文化世界』岩波新書．

飯島典子・河合洋尚・小林宏至 2019．『客家：歴史・文化・イメージ』現代書館．

石田慎一郎 2011．差別．綾部真雄編『私と世界：6 つのテーマと 12 の視点』メディア総合研究所．

王柯 2005．『多民族国家 中国』岩波新書．

＜V章＞

【25】

石原照敏 2009．スイス・高アルプスにおける観光業と農業の共生形態と共生システム．経済地理学年報 55：369-389．

上野福男編著 1997．『オーストリアにおけるアルム農業と観光』農林統計協会．

岡橋秀典 1995．アルプス農村の景観とその存立基盤――オーストリア州・チロル州の事例から――．持田紀治編『むらまち交流と地域活性化』194-209．家の光協会．

岡橋秀典 2001．アルプス農村における住民の景観意識と景観保全：オーストリア・チロル州ナッタース・ムッタース 2 村の事例から．地誌研年報 10：35-68．

【26】

石塚道子編 1991．『カリブ海世界』世界思想社．

二村久則編 2011．『コロンビアを知るための 60 章』明石書店．

Spalding, M. and Bunting, G. 2004. *A guide to the coral reefs of the Caribbean*. Oakland: University of California Press.

Taylor, E., Baine, M., Killmer, A. and Howard, M. 2013. Seaflower marine protected area: Governance for sustainable development. *Marine Policy* 41:57-64.

Ross, J. 2007. Routes for Roots: Entering the 21st Century in San Andrés Island, Colombia. *Caribbean Studies* 35:3-36.

【27】

宗　健 2020．都市農業のビジネスへの影響．日本不動産学会誌 34(1)：38-41．

農林水産省 2021．『令和 3 年度食料・農業・農村白書』

農林水産省 2022．『都市農業をめぐる情勢について（令和 4 年 1 月）』

【28】

香川貴志 1998．住宅形態を介した文化摩擦――バンクーバーにみるモンスターハウスとツリーウォーズ．地理科学 53：174-180．

香川貴志 2004．バンクーバー CMA 主要地域における近年の人口変化と住宅開発 1991, 1996, 2001 年センサスを活用して．立命館地理学 16：1-18．

香川貴志 2010．『バンクーバーはなぜ世界一住みやすい都市なのか』ナカニシヤ出版．

香川貴志 2011．バンクーバー市ウェストブロードウェイにおける住居機能の拡充と在来型商業地の変化．都市地理学 6：1-18．

香川貴志 2014．メトロバンクーバーのスカイトレインをめぐるバリアフリー対応とその課題．京都教育大学紀要 125：103-115．

【29】

ジョンソン, B.L.C 著, 山中一郎・松本絹代・佐藤　宏・押川文子訳 1986．『南アジアの国土と経済

第1巻インド』二宮書店.

由井義通 2015. 大都市の発展と郊外空間. 岡橋秀典・友澤和夫編『現代インド4 台頭する新経済空間』223-247. 東京大学出版会.

ロバート・ホーム著, 布野修司・安藤正雄監訳, アジア都市建築研究会訳 2001.『植えつけられた都市——英国植民都市の形成』京都大学学術出版会.

【30】

大阪市立大学経済研究所編 1985.『世界の大都市1 ロンドン』東京大学出版会.

根田克彦 2020. ロンドン, タワーハムレッツにおけるブリックレーン商業集積地とタウンセンター政策. 地理空間 13：179-196.

藤塚吉浩 2017.『ジェントリフィケーション』古今書院.

藤塚吉浩 2021. ロンドンのインナーシティ問題. 漆原和子・藤塚吉浩・松山 洋・大西宏治編『図説 世界の地域問題100』82-83. ナカニシヤ出版.

リビングストン, K. 著, ロンドンプラン研究会訳 2005.『ロンドンプラン——グレーター・ロンドンの空間開発戦略——』都市出版.

ロス, C.・クラーク, J. 著, 大間知知子訳 2015.『ロンドン歴史図鑑』原書房.

＜Ⅵ章＞
【31】

小泉佑介 2019. インドネシア・リアウ州における移住者のアブラヤシ個人農園経営を通じた社会階層の上昇移動. 地理学評論 92-6：343-363.

高谷好一 1985.『東南アジアの自然と土地利用』勁草書房.

坪内良博 1998.『小人口世界の人口誌——東南アジアの風土と社会』京都大学学術出版会.

林田秀樹 2022.『アブラヤシ農園問題の研究Ⅰ：グローバル編』晃洋書房.

林田秀樹 2022.『アブラヤシ農園問題の研究Ⅱ：ローカル編』晃洋書房.

【32】

秋道智彌・黒倉寿編 2008.『人と魚の自然誌 母なるメコン河に生きる』世界思想社.

近森 正 1967. プラホック——チャムとクメールの交渉関係についての野帳から——. 史学 40(2)・(3)：213-239.

デルヴェール, ジャン著, 及川浩吉訳 2002.『カンボジアの農民 自然・社会・文化』風響社.

Delvert, Jan. 1961. *Le Paysan Cambodgien*. Paris: Mouton & Co.

【33】

市川康夫 2015. フランスにおける農村の人口回帰と過疎化の展開. 地理空間 8：337-350.

市川康夫・中川秀一・小川Gフロランス 2019. フランス・ジュラ農村にみる移住者の増加と田園生活——フランシュ・コンテ地域圏, カンティニ村の事例. E-journal geo 14: 258-270.

Woods, M. 2011. *Rural*, Oxford: Routledge. ウッズ, M. 著, 高柳長直・中川秀一監訳 2018.『ルーラル：農村とは何か』農林統計出版.

【34】

水野一晴編 2005.『アフリカ自然学』古今書院.

横山 智編 2013.『ネイチャー・アンド・ソサエティ研究第4巻 資源と生業の地理学』海青社.

篠田雅人・門村 浩・山下博樹編 2010.『乾燥地シリーズ4 乾燥地の資源とその利用・保全』古今書院.

重田眞義・伊谷樹一編 2016.『アフリカ潜在力4 争わないための生業実践——生態資源と人びとの関わり』京都大学学術出版会.

藤岡悠一郎 2016.『サバンナ農地林の社会生態誌——ナミビア農村にみる社会変容と資源利用』昭和堂.

【35】

渡辺悌二 2021. 刊行によせてなぜパミール研究なのか. 渡辺悌二・白坂 蕃編 2021.『変わりゆくパミールの自然と暮らし——持続可能な山岳社会に向けて——』1-18. ブイツーソリューション.

渡辺悌二・白坂 蕃編 2021.『変わりゆくパミールの自然と暮らし——持続可能な山岳社会に向けて——』ブイツーソリューション.

Kreutzmann, H. 2016. Pamirian spaces: Mapping process geographies in the mountainous periphery. In Mapping Transition in the Pamirs, ed. H. Kreutzmann and T. Watanabe, 1-16. City: Springer.

【36】

高倉浩樹編 2018.『寒冷アジアの文化生態史』古今書院.

永山ゆかり・吉田　睦編 2018.『アジアとしてのシベリア』勉誠社.

山田仁史・永山ゆかり・藤原潤子編 2014.『水・雪・氷のフォークロア』勉誠社.

＜Ⅶ章＞

【37】

三尾裕子編 2022.『台湾で日本人を祀る　鬼（クイ）から神（シン）への現代人類学』慶應義塾大
　　学出版会.

上水流久彦編 2022.『大日本帝国期の建築物が語る近代史　過去・現在・未来』勉誠出版.

三尾裕子・遠藤　央・植野弘子編 2016.『帝国日本の記憶——台湾・旧南洋群島における外来政権
　　の重層化と脱植民地化』慶應義塾大学出版会.

今尾恵介 2011.『地図で読む戦争の時代　描かれた日本　描かれなかった日本』白水社.

ポーター A.N. 1996.『大英帝国歴史地図：イギリスの海外進出の軌跡　1480 年代－現代』東洋書林.

【38】

アパドゥライ・アルジュン著, 藤倉達郎訳 2010.『グローバリゼーションと暴力——マイノリティ
　　の恐怖』世界思想社.

栗本英世 1996.『民族紛争を生きる人びと——現代アフリカの国家とマイノリティ』世界思想社.

武内進一 2009.『現代アフリカの紛争と国家——ポストコロニアル家産制国家とルワンダ・ジェノ
　　サイド』明石書店.

月村太郎 2013.『民族紛争』岩波新書.

【39】

青木晴夫 1998.『滅びゆくことばを追って——インディアン文化への挽歌』岩波書店.

渥美一弥 2016.『「共感」へのアプローチ：文化人類学の第一歩』春風社.

ニコラス・エヴァンズ著, 大西正幸・長田俊樹・森　若葉訳 2013.『危機言語——言語の消滅でわ
　　れわれは何を失うのか』京都大学学術出版会.

エヴェレット, ダニエル・L 著, 屋代通子訳 2012.『ピダハン——「言語本能」を超える文化と世界
　　観』みすず書房.

吉岡　乾著, 西淑 イラスト 2017.『なくなりそうな世界のことば』創元社.

【40】

Altman, J. and N.Peterson(1988) Rights to game and rights to cash among contemporary Australian hunter-
　　gatherers, T.Ingold, D. Riches and J. Woodburn eds. *Hunters and Gatherers:Property, Power and
　　Ideology.*:75-94.

山内由理子編　2014.『オーストラリア先住民と日本——先住民学・交流・表象』御茶の水書房.

深山直子・丸山淳子・木村真希子編　2018.『先住民からみる現代世界——わたしたちの＜あたりま
　　え＞に挑む』昭和堂.

【41】

石原真衣 2020.　『〈沈黙〉の自伝的民族誌——サイレント・アイヌの痛みと救済の物語』北海道大学
　　出版会.

伊藤泰信 2007.　『先住民の知識人類学——ニュージーランド＝マオリの知と社会に関するエスノグ
　　ラフィ』世界思想社.

萱野　茂 1990.『アイヌの碑』朝日新聞社.

日本学術会議 地域研究委員会 人類学分科会, 2011,「報告 アイヌ政策のあり方と国民的理解」https://
　　www.scj.go.jp/ja/info/kohyo/pdf/kohyo-21-h133-1.pdf（最終閲覧日：2015 年 2 月 7 日）

【42】

竹沢泰子編 2022.『人種主義と反人種主義——越境と転換』京都大学学術出版会.

平野千香子 2022.『人種主義の歴史』岩波新書.

フレドリクソン, ジョージ・M, 李孝徳訳 2009.『人種主義の歴史』みすず書房.

ランスビー, バーバラ, 藤永康政訳 2022.『ブラック・ライヴズ・マター運動誕生の歴史』彩流社.

＜Ⅷ章＞

【43】

児玉谷史朗・佐藤　章・嶋田晴行編 2021.『地域研究へのアプローチ：グローバル・サウスから読
　　み解く世界情勢』ミネルヴァ書房.

林田秀樹 2022.『アブラヤシ農園問題の研究Ⅱ：ローカル編』晃洋書房.

湯本貴和 1999.『熱帯雨林（岩波新書）』岩波書店.

【44】

川辺みどり 2017.『海辺に学ぶ　環境教育とソーシャル・ラーニング』東京大学出版.

佐藤洋一郎編 2022.『知っておきたい和食の文化』勉誠出版.

濱田武士 2013.『漁業と震災』みすず書房.

【45】

赤木祥彦 2005.『沙漠化とその対策——乾燥地帯の環境問題』東京大学出版会.

山本太兵編 2008.『乾燥地の土地劣化とその対策』古今書院.

篠田雅人・門村　浩・山下博樹編 2010.『乾燥地の資源とその利用・保全』古今書院.

吉村　剛・板倉修司・岩田隆太郎・大村和香子・杉尾幸司・竹松葉子・徳田　岳・松浦健二・三浦
　徹編 2012.『シロアリの事典』海青社.

大山修一 2015.『西アフリカ・サヘルの砂漠化に挑む——ごみ活用による緑化と飢餓克服, 紛争予防』
　昭和堂.

【46】

榧根　勇 1992.『地下水の世界』NHK ブックス. 日本放送出版協会.

谷口真人 2011. 循環する資源としての地下水. 谷口真人編『地下水流動——モンスーンアジアの資
　源と循環』共立出版.

日本地下水学会編 2020.『地下水・湧水の疑問 50』成山堂書店.

【47】

海津正倫 2019.『沖積低地——土地条件と自然災害リスク』古今書院.

宇根　寛 2021.『地図づくりの現在形——地球を図り, 図を描く』講談社選書メチエ.

鈴木康弘編 2015.『防災・減災につなげるハザードマップの活かし方』岩波書店.

【48】

高槻成紀 2006.『野生動物と共存できるか』岩波書店.

高橋　進 2021.『生物多様性を問い直す——世界・自然・未来との共生と SDGs』筑摩書房.

チャドウィック, D. H. 2010. オオカミとの戦い. ナショナルジオグラフィック日本版, 2010(3),
　58-77.

マイアース, N. 著, 林雄次郎訳 1981.『沈みゆく箱舟』岩波書店.

Brondizio, E. S., Settele, J., Díaz, S. and Ngo, H. T. eds. 2019. *Global assessment report on biodiversity and
　ecosystem services of the Intergovernmental Science-Policy Platform on Biodiversity and Ecosystem
　Services*. IPBES secretariat.（https://doi.org/10.5281/zenodo.3831673, 2022 年 2 月 1 日閲覧）

＜Ⅸ章＞

【49】

椎川　忍・小田切徳美・佐藤啓太郎・地域活性化センター・移住・交流推進機構編 2019.『地域お
　こし協力隊—— 10 年の挑戦』農文協.

総　務　省 2022. 地　域　お　こ　し　協　力　隊. https://www.soumu.go.jp/main_sosiki/jichi_gyousei/
　c-gyousei/02gyosei08_03000066.html（最終閲覧日：2022 年 4 月 29 日）

山口泰史 2019. 中山間地域において自発的活性化に取り組む「地域づくり組織」の共通性——中国
　地方を事例として. 季刊地理学 71(2)：74-81.

【50】

田原裕子 2008. 遊び, 学び, 働き, 地域貢献するアクティブ・アダルト——サンシティ・アリゾナ
　の事例. 地理 53(2)：44-51.

林　玲子 2020. 高齢者の移動——国勢調査, 国民生活基礎調査と人口移動調査からの把握. 人口問
　題研究 76-3：394-415.

平井　誠 2018. 高齢者の移動. 日本人口学会編『人口学事典』318-321. 丸善.

【51】

シーガー, J. 著, 中澤高志・大城直樹・荒又美陽・中川秀一・三浦尚子訳 2020.『女性の世界地図
　——女たちの経験・現在地・これから』明石書店.

武田祐子・木下禮子編著, 中澤高志・若林芳樹・神谷浩夫・由井義通・矢野桂司著 2007.『地図で
　みる日本の女性』明石書店.

World Economic Forum 2021. Global Gender Gap Report 2021.

【52】

中谷友樹 2021．COVID-19 流行と災害の地理学．科学 91(5)：468-473.

中谷友樹 2021．感染症の災害地理学．地理 66(9)：47-53.

中谷友樹・永田彰平 2021．COVID-19 流行の空間疫学：コロナ禍の地理学．学術の動向 26(11)：60-67.

【53】

片田敏孝 2012．『命を守る教育』PHP 研究所.

鈴木康弘 2007．防災教育に何が求められているか．地理 52(8)：14 － 22.

村山良之・桜井愛子・佐藤 健・北浦早苗・小田隆史・熊谷　誠 2021．地形とハザードマップに関するオンライン教員研修プログラムの開発——学校防災の自校化のために——．季刊地理学 73：94-107.

村山良之 2022．都市と災害．佐藤廉也・宮澤　仁編著『人文地理学からみる世界』139-154．放送大学教育振興会.

【54】

川北　稔 1996．『砂糖の世界史』岩波ジュニア新書.

浅妻　裕・福田友子・外川健一・岡本勝規 2017．『自動車リユースとグローバル市場』成山堂.

石井　亨 2018．『もう「ゴミの島」と言わせない　豊島産廃不法投棄，終わりなき闘い』藤原書店.

＜X章＞

【55】

国連総会（外務省仮訳）『我々の世界を変革する：持続可能な開発のための 2030 アジェンダ（2015 年 9 月 25 日第 70 回国連総会で採択）』https://www.mofa.go.jp/mofaj/files/000101402.pdf（最終閲覧日：2022 年 3 月 8 日）UN General Assembly, Transforming our world : the 2030 Agenda for Sustainable Development, 21 October 2015, A/RES/70/1, available at: https://www.refworld.org/docid/57b6e3e44.html [accessed 8 March 2022]

Dodds,.F, Donoghue, A.D. and Roesch, J. L. eds. 2016. *Negotiating the sustainable development goals: A transformational agenda for an insecure world*. London: Routledge.

United Nations. 2013. *A new global partnership: Eradicate poverty and transform economies through sustainable development, the report of the high-level panel of eminent persons on the post-2015 development agenda*. New York: United Nations Publications. https://sustainabledevelopment.un.org/content/documents/8932013-05%20-%20HLP%20Report%20-%20A%20New%20Global%20Partnership.pdf（最終閲覧日：2022 年 3 月 8 日）

（特活）開発教育協会内 ESD 開発教育カリキュラム研究会編 2010．『開発教育で実践する ESD カリキュラム——地域を掘り下げ，世界とつながる学びのデザイン』学文社.

【56】

佐藤　寛 2011．『フェアトレードを学ぶ人のために』世界思想社.

辻村英之 2012．『【増補版】おいしいコーヒーの経済論——「キリマンジャロ」の苦い現実』太田出版.

長坂寿久 2018．『フェアトレードビジネスモデルの新たな展開——SDGs 時代に向けて』明石書店.

箕曲在弘 2014．『フェアトレードの人類学——ラオス南部ボーラヴェーン高原におけるコーヒー栽培農村の生活と協同組合』めこん.

渡辺龍也 2010．『フェアトレード学——私たちが創る新経済秩序』新評論.

【57】

佐藤彰男 2014．『バングラデシュの船舶リサイクル産業と都市貧困層の形成』明石書店.

小島道一 2018．『リサイクルと世界経済——貿易と環境保護は両立できるか』中公新書.

外川健一 2017．『資源政策と環境政策——日本の自動車リサイクル政策を事例に』原書房.

三宅博之 2008．『開発途上国の都市環境——バングラデシュ・ダカ　持続可能な社会への希求』明石書店.

【58】

鈴木拓也 2021．『イヌワシの棲む山』南三陸ネイチャーセンター友の会.

Aquaculture Stewardship Council. ASC 認証．https://jp.asc-aqua.org/（最終閲覧日：2022 年 4 月 30 日）

Forest Stewardship Council. FSC 認証．https://jp.fsc.org/jp-ja（最終閲覧日：2022 年 4 月 30 日）

【59】

池　俊介編 2022.『地理教育フィールドワーク実践編』学文社.

井田仁康編 2017.『教科教育における ESD の実践と課題』古今書院.

井田仁康監修 2020.『統計からみえてくる世界のミライ』学研プラス.

国際地理オリンピック日本委員会実行委員会編 2018.『地理オリンピックへの招待——公式ガイド
ブック・問題集——』古今書院.

【60】

静岡県立大学 国際関係学部 湖中ゼミ（教員：湖中真哉 参加学生：織部大地，高林睦菜，中村航大，
早泉亮太，丸山果鈴，村上依蕗，渡辺　梓，渡邉泰済）2018.「イノシシによる農作物被害の増
加と耕作放棄地の関係についての研究」しずおか中部連携中枢都市圏編『しずおか中部連携都
市圏地域課題解決事業——大学連携による地域課題への取り組み——』47-51. 静岡市. https://
www.city.shizuoka.lg.jp/000774853.pdf（最終閲覧日：2022 年 3 月 12 日）

湖中真哉・ディハーン, J.　2021. フィールドワークと教育を超える協働実践：グローバルな当事者
間のニーズ共有接近法の実験から. 箕曲在弘・二文字屋・小西公大編『人類学者たちのフィー
ルド教育——自己変容に向けた学びのデザイン』139-155. ナカニシヤ出版.

静岡県立大学国際関係学部 ESP（E-SatoyuamaProject・いい里山プロジェクト）編 2018.『マサ
イ目線の動物図鑑 日本語版』https://drive.google.com/open?id=12T38qMeJu9e_DW4cL3tiw___
EFB6BbW2（最終閲覧日：2022 年 3 月 12 日）

中村　努　　中京大学教養教育研究院 准教授　［9］

中谷友樹　　東北大学大学院環境科学研究科 教授　［52］

丹羽典生　　国立民族学博物館グローバル現象研究部 教授　［18］

林　上　　名古屋大学 名誉教授　［7］

藤岡悠一郎　九州大学大学院比較社会文化研究院 准教授　［34］

藤塚吉浩　　大阪公立大学大学院経営学研究科・商学部 教授　［30］

藤野陽平　　北海道大学大学院メディア・コミュニケーション研究院 准教授　［14］

松田素二　　総合地球環境学研究所 特任教授　［23］

＊三尾裕子　　慶應義塾大学文学部 教授　［37］

箕曲在弘　　早稲田大学文学学術院 教授　［56］

三宅博之　　北九州市立大学 名誉教授　［57］

宮脇千絵　　南山大学人類学研究所 准教授　［2］

村山良之　　山形大学大学院教育実践研究科 客員研究員　［53］

＊森本　泉　　明治学院大学国際学部 教授　［8］

山下清海　　筑波大学 名誉教授　［11］

＊由井義通　　広島大学大学院人間社会科学研究科 教授　［29］

＊横山　智　　名古屋大学大学院環境学研究科 教授　［1］［43］

渡辺悌二　　北海道大学大学院地球環境科学研究院 教授　［35］